日本の成り立ちが見えてくる

古事記99の謎

古代ミステリー研究会 編

JN214330

彩図社

はじめに

日本最古の歴史書『古事記《こじき》』。

『古事記』に描かれているスサノオのヤマタノオロチ退治や因幡《いなば》のシロウサギの逸話は、絵本の題材として有名で、人気も高い。漫画やゲームの影響で、アマテラスやヤマトタケルなど、神話に登場する神や人間の名前を知っている人も多いのではないだろうか。

こうしたイメージから、『古事記』は単なる物語と捉えられることもあるが、そうではない。実は、『古事記』神話の裏には、古代日本の風習や古代朝廷の政治的意図が隠されているのだ。そのため、『古事記』に記されている神話には、思わぬ謎が秘められていることがある。

例えば、ヤマタノオロチは、単なる空想上の産物ではない。神話の舞台になった島根県斐伊《ひい》川は、かつては氾濫を繰り返し、周囲に甚大な被害をもたらしていた。そうした暴れ川としての性格と、多くの支流を持つ斐伊川の姿が、ヤマタノオロチという怪物を生み出したと考えられるのだ。

天皇家の祖先・アマテラスに降伏したオオクニヌシの神話にも、謎が多い。出雲地方を治めたオオクニヌシは、なぜか抵抗することもなく、簡単に支配権を譲ってしまう。この神話は、征服者である古代王権が、地方を支配下におく過程を都合よく描いたものだと考えられている。

英雄と呼ばれ、親しまれてきたヤマトタケルも、『古事記』では、実の兄を惨殺する真の姿が描かれている。こうした姿で描かれたのも、ヤマト政権による地方征服の歴史が隠されているからだといわれている。

こうした例を見るとわかるように、角度を変えれば、『古事記』から我々が知っている神話とは異なる、不思議な姿が浮かび上がってくる。古代王権の意図と日本の風土が反映されたことで、物語としての面白さだけでなく、その裏にある謎が『古事記』の魅力をより深いものにしているからだ。

本書ではそうした『古事記』の魅力と不思議を99の謎を通して徹底解説する。その魅惑的な世界に触れることで、現代社会を生きる私達も楽しめる、日本古来の価値観を知ることができるはずだ。

古代ミステリー研究会

【古事記99の謎】もくじ

一章　古事記誕生の謎

二章　日本神話の謎

三章　古代天皇の謎

四章　古事記にまつわる神社の謎

五章　古事記と日本人の謎

一章　古事記誕生の謎

1

【古事記誕生の謎】

『古事記』はいつ誰が何のためにつくった？

「ヤマタノオロチ」や「因幡《いなば》のシロウサギ」のお話を、子どもの頃に絵本で読んだことのある人は多いのではないだろうか。これらの話が収録されているのが、日本最古の歴史書といわれる『古事記《こじき》』である。

『古事記』は奈良時代初頭、712（和銅《わどう》5）年に成立したものだ。時の天武《てんむ》天皇は、天皇家の歴史が正しく伝えられていないこと、このままでは国家の存亡にかかわることを嘆いた。

そこで昔から伝わる歴史書の誤りを改め、正確な天皇家の歴史を後世に伝えるべく『古事記』の作成にとりかかるよう命じた。674～677年頃のことといわれている。そして、その役割を担ったのが、稗田阿礼《ひえだのあれ》と太安万侶《おおのやすまろ》である（16ページ参照）。

ところが作業は難航し、天武天皇はその完成を見ないまま686年に生涯を終えた。天皇の死を受けて、『古事記』の編纂作業は中断されることとなる。

しかし、711年、元明《げんめい》天皇の時代に作業が再開され、1年後の712年1月28日、太安万侶より献上された。

『古事記』は上・中・下の3巻からなり、上巻は天地開闢《かいびゃく》から神武《じんむ》天皇の誕生までを、中巻は神武東征から応神《おうじん》天皇までを、下巻は仁徳《にんとく》天皇から推古《すいこ》天皇までを記録している。

『古事記』といえば「ファンタジー」という印象を持つ人も多いだろうが、この書が語るのは単なる昔話ではない。神話からはじめて世界の成り立ちと歴史を語ることで現実の天皇家の正統性を確保するという政治的意図があったと考えられている。

また、元は「古い書物」という意味で、「フルコトブミ」と呼ばれたこともあったという。

『古事記』の編纂作業を行った稗田阿礼と太安万侶（下の２人）と舎人親王（上）。（「舎人親王太安麿稗田阿禮像」部分『田米知佳画集』国会図書館所蔵）

2 【古事記誕生の謎】稗田阿礼・太安万侶はなぜ登用された？

天皇から直々に『古事記』編纂の命を受けた稗田阿礼と太安万侶。2人が抜擢された理由とは？

稗田阿礼は当時28歳で、大変頭がよく一度見聞きしたものは暗誦《あんしょう》できるという能力をもっていた。そこに目をつけた天武天皇に、『古事記』のもととなった『帝紀《ていき》』『旧辞《きゅうじ》』（18ページ参照）を覚えるよう命じられたのである。

一方、太安万侶は文章を書く才に秀でており、稗田阿礼が覚えた内容を文字におこしまとめるようにと元明天皇から命じられた。要は、両者とも能力の高さを買われたのだった。

実際、稗田阿礼の役職は舎人という、天皇の側近（皇族や貴族）に奉仕するもの。あくまで雑用をするような下級官僚だった。

太安万侶は奈良時代の文官であり、序文の終わりに「正五位上勳五等太朝臣安萬侶《しょうごいのじょうくんごとうおおのあそんやすまろ》」と自らの位を記しているが、実は「正五位上」という位は、低くはないもののさほど高く

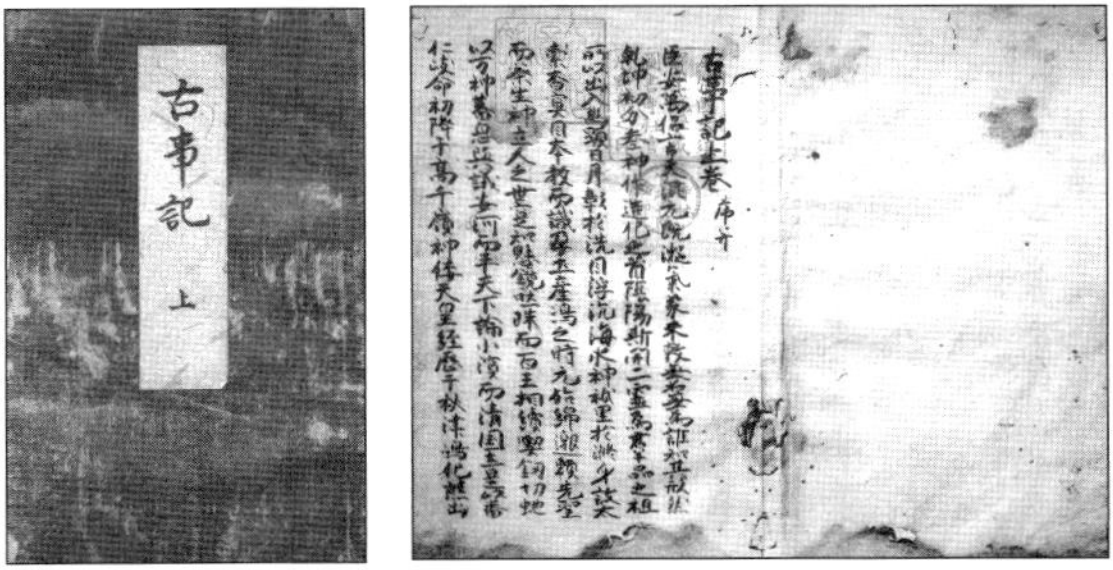

国宝に指定されている最古の古事記「真福寺本」の写本（国会図書館所蔵）

もない。2人とも下級官僚でありながら、異例の大抜擢だったのである。

稗田阿礼が覚えた内容を文章にするのは至難の業だったようで、太安万侶は1年をかけてその役目を成し遂げた。

太安万侶の存在は後の歴史書にも記されており、墓も発掘されたことからその存在は確認されている。

一方、稗田阿礼については『日本書紀』や『続日本紀』にも記録が残されておらず、『古事記』にしか登場しない謎の人物である。そのため、どういった人物だったかいまだに議論が交わされている。

舎人という役職は一般的に男性が就くものであるが実は女性だったという説や、稗田阿礼＝藤原《ふじわらの》不比等《ふひと》という説などがある。謎の多い人物だが、その影響力は深く日本に浸透している。

3

【古事記誕生の謎】

『帝紀』『旧辞』はどのような内容なのか？

『古事記』のもとになった『帝紀』と『旧辞』という歴史書がある。稗田阿礼はこれをすべて暗誦《あんしょう》したというが、これらはそもそもどのような書物なのか？

平たくいえば、２冊とも天皇家の歴史を綴《つづ》ったものである。『帝紀』は正式には『帝皇《ていおう》日継《のひつぎ》』といい、『旧辞』は『先代旧辞』という。

『帝紀』は一人の天皇が即位してから崩御《ほうぎょ》するまでのあらゆる事柄を漢文体で記したものだ。先代は誰か、天皇の御名は何か、皇后は誰か、子どもは何人いたか、当時の国家的重要事件は何か、御陵《ごりょう》はどこにあるかなど、天皇にまつわることを皇位継承の順に丁寧に列記している。

それに対し『旧辞』は、天皇による統治以前の神話、伝説、歌物語を、やや崩した漢文体で記したものとされている。

こうしてみると、『古事記』の上巻は『旧辞』を、中・下巻は『帝紀』の内容を多く含

稗田阿礼を祀る賣太神社。境内には稗田阿礼にちなんで「かたりべの碑」がある。（©Yanajin33）

んでいることが見えてくるだろう。

では、この2冊はいつから存在していたのか？ 現存していないため確証はないが、六世紀中ごろの継体《けいたい》・欽明《きんめい》天皇の時代にはすでに成立していたという説が主流となっている。

『古事記』が編纂されたのは、この時から天武天皇が即位した七世紀末までの約１００年の間に、『帝紀』『旧辞』が誤りだらけになったからだという。

その原因として、『帝紀』『旧辞』は諸家に伝わっていて、各家の都合によって少しずつ改変されていったことで内容に違いのある異本がいくつも生まれてしまった、という説がある。

いずれにせよ、『古事記』や『日本書紀』には、原典となった歴史書が存在していた。後述するように、単なる歴史を描くことが目的ではなかったが。

4 【古事記誕生の謎】『日本書紀』とはどう違うのか？

『古事記』と同時期に成立した、〝正式な〟日本最古の歴史書が存在する。それが『日本書紀』である。

まず、『日本書紀』とは何か？　これは『古事記』と同様に、681年に天武天皇の命により編纂がはじまり、720年に舎人親王《とねりしんのう》によって元正《げんしょう》天皇（元明天皇の次の天皇）に献上された歴史書である。

全30巻と系図1巻からなり、神代から持統《じとう》天皇までが漢文を用いて記録されている。

ここまで見ると、『古事記』より少し内容が多いだけではないかと思うが、その内容には大きな違いがあるのだ。

『日本書紀』は神々よりも天皇の記録に重きを置いている。全30巻のうち28巻が天皇の記録であることから、編纂の目的が窺える。

『古事記』が「天皇統治以前」を主にまとめたものだとすれば、『日本書紀』は「天皇の世」をまとめたものといえる。そのため『古事記』では荒々しく描かれる倭建命《やまとたけるのみこと》も、『日本書紀』では天皇である父と良好な関係を築いた華々しい英雄として描かれるなど、天皇家の描かれ方が異なるのだ。

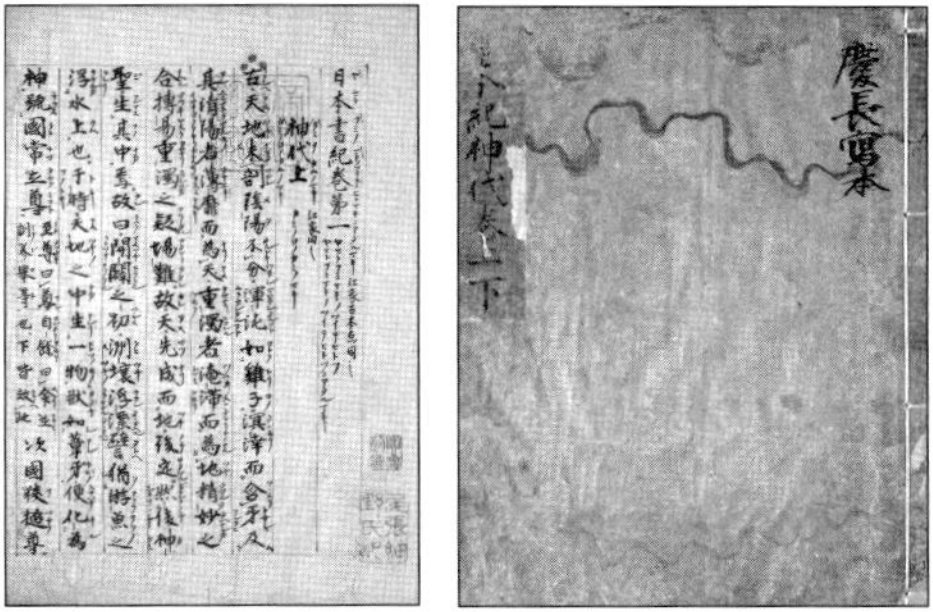
『日本書紀慶長写本』（国会図書館所蔵）

　文体も異なり、『古事記』は漢文を用いつつも漢字の音訓を使い分け、物語性を重視した表記がなされている。対して『日本書紀』は、整然たる漢文を用い、神話以外は淡々と記されている。要は正式の歴史書である。当時の人々には読みづらく、『日本書紀』の講演会のようなものが行われていたようだ。『古事記』と『日本書紀』で記述に食い違いがあるのは、それぞれが異なる『帝紀』『旧辞』をもとにしたためだと考えられている。

　それどころか、『日本書紀』は「一書によれば」という言葉を枕に諸説を掲載しており、同じエピソードを比べても、細かなの違いを見つけることができるのだ。

5 【古事記誕生の謎】どのように世界は創られたのか？

いよいよ『古事記』の内容にふれていこう。

世界創造の神話は、世界各地に存在する。神が7日間で世界を創ったというキリスト教の神話や、混沌（カオス）から神々が生まれたというギリシャ神話などがその例だ。

『古事記』における世界創造は、次のように記されている。

世界の天と地が初めて分かれたとき、天上界・高天原《たかまのはら》に天之御中主神《あめのみなかのぬしのかみ》がまず降り立ち、続いて高御産巣日神《たかみむすひのかみ》、神産巣日神《かみむすひのかみ》が降り立った。これら3柱を「造化三神《ぞうかのさんしん》」という。

できたばかりの国土は未熟で海月《くらげ》のように漂っていた。そこに葦《あし》の芽のように生えてきたものから誕生したのが、宇摩志阿斯訶備比古遅神《うましあしかびひこじのかみ》だった。続いて天之常立神《あめのとこたちのかみ》が現れた。ここまでの5柱の神々を特に貴い神々、「別天神《ことあまつかみ》」という。

さらに国之常立神《くにのとこたちのかみ》、豊雲野神《とよくものかみ》が現れた。ここまでの神は、男女対偶の神に対して、単独の神の意である「独神《ひとりがみ》」と呼ばれる。

そのあとは男女対偶の神々が4対現れ、ようやく日本の生みの親、伊邪那岐命《いざなぎのみこと》（以下イザナギ）と伊邪那美命《いざなみのみこと》（以下イザナミ）が誕生する。国之常立神からイザナギ・イザナミまでをあわせて「神世七代《かみよななよ》」と呼ぶ。

これらの神々が現れたことで、先ほどの葦の芽のようなものから、世界が3つに分かれていく。

1つは神々の国・高天原。1つはのちに人間の住む国・葦原中国《あしはらのなかつくに》。そして死者がゆく国・黄泉国《よみのくに》である。こうして世界はできあがったのだ。

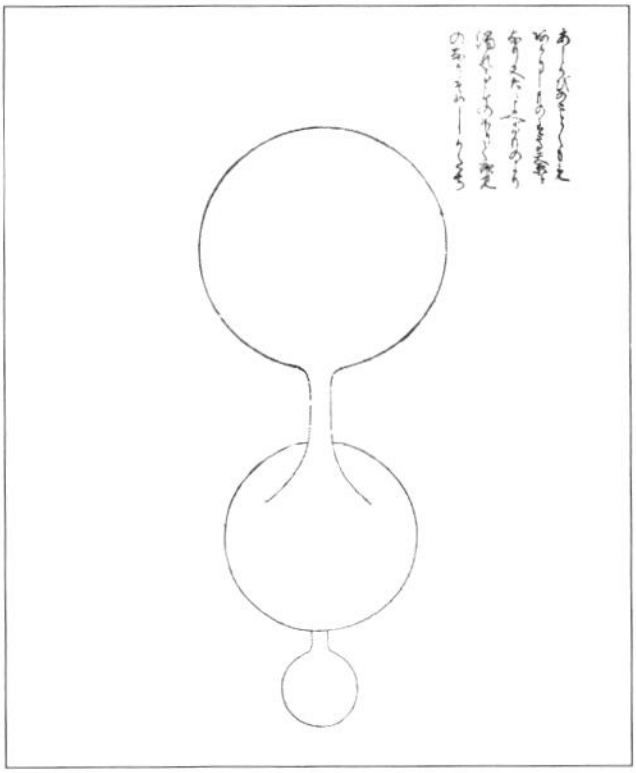

世界が３つに分かれていく図。上から順に「高天原」「葦原中国」「黄泉国」。（『神代正語常磐草』）

この後、イザナギとイザナミによる国生みと神生みが行われることで、「日本」という国が誕生する。

そして、天皇はこの神々の子孫であり、人間の国を統治するために高天原から派遣されたという話が、記されていくのである。

6 【古事記誕生の謎】どのように日本は創られたのか？

別天神《ことあまつかみ》と神世七代《かみよななよ》が生まれ、世界ができた。ここから、日本はどのように創られたのだろうか？

高天原に現れたイザナギとイザナミの兄妹神は、別天神5柱から「このふわふわと漂っている国土を整え、つくり固めなさい」と命じられ、天沼矛《あめのぬぼこ》を授かった。2柱は高天原と下界をつなぐ天浮橋《あめのうきはし》に立ち、天沼矛をおろして、どろどろの海水を「こおろこおろ」とかき混ぜて矛を引き上げた。

そのとき、矛の先から滴り落ちた塩が積み重なって島ができた。これが最初の国土であり、淤能碁呂島《おのごろじま》という。

島ができ、イザナギとイザナミはそこへ降り立った。この後は有名な「国生み」の物語である。その島に天御柱《あめのみはしら》を立て、八尋殿《やひろどの》をつくり、2柱は結婚する。そして「みとのまぐわい」をし、国土を生む儀式を行った。

２柱は天御柱を左右から回ってから出会うと、イザナミが先に「ああ、なんていい男なんでしょう」といい、イザナギが「ああ、なんていい女なんだ」と応じた。それから兄妹は交わるが、生まれたのは骨がなく身体が未完の水蛭子《ひるこ》と淡島《あわしま》だった。２柱はこれは不吉だと感じ、葦舟に乗せて流したあと、別天神に伺いをたてるため高天原へ昇る。

別天神は太占《ふとまに》によって吉兆を占い、「女から先に声をかけたのがよくない。戻ってやり直しなさい」との言葉を授けた。

イザナギとイザナミが天沼矛で海水をかき混ぜているところ。（小林永濯「天瓊を以て滄海を探るの図」部分）

また元の場所に戻り、２柱は儀式をやり直した。今度はイザナギから声をかけ、改めて交わった。

こうして２柱の間に淡道之穂之狭別島《あわじのほのさわけのしま》、伊予之二名島《いよのふたなのしま》をはじめとする８島と小さな島々が生まれた。特に８島をさし、「大八島国《おおやしまぐに》」と名づけられた。

これが「日本」のはじまりである。

7 【古事記誕生の謎】『古事記』はどのような物語なのか？

『古事記』全体はどのように話が展開されていくのか？　これから『古事記』の謎を追っていく前に、あらすじを見ておきたいと思う。

上巻は序文と神代の話が記される。最初の神・天之御中主神《あめのみなかぬしのかみ》が現れ、別天神《ことあまつかみ》たちが生まれ、イザナギ・イザナミによって日本の国土が生まれる。

神生みの最中に死んでしまったイザナミを恋しく思ったイザナギが、黄泉国に会いに行くも、そこには醜くただれた姿のイザナミがいた。そこで二人は袂を分かち、イザナギは穢《けが》れを祓《はら》う行為の中で3柱の神を生む。有名な、アマテラス・ツクヨミ・スサノオである。

そのスサノオは亡き母イザナミに会いたいと嘆くばかりで仕事をしなかったため高天原を追放され、葦原中国《あしはらのなかつくに》に降り立つ。そこでヤマタノオロチを倒し、クシナダヒメとの間に子をもうける。その子孫が大国主神《おおくにぬしのかみ》（以下オオクニヌシ）である。

その後オオクニヌシはさまざまな試練を乗り越え、出雲《いずも》を建国するも、高天原の使者に

スサノオがヤマタノオロチを征伐しているところ（『神代正語常磐草』）

負かされ、アマテラスの命を受け降り立った、高天原の神・邇邇芸命《ににぎのみこと》（以下ニニギ）が葦原中国を平定する。

ここから中巻がはじまる。ニニギの子孫が、初代天皇・神武天皇である。神武天皇は今いる南九州よりも安らかな場所を目指し東へ向かった。いわゆる神武東征である。八咫烏《やたがらす》に導かれ、敵対豪族を打ち負かし、現在の奈良で即位した。

他にヤマトタケルの物語や、新羅《しらぎ》・百済《くだら》から文化人を招きいれた応神天皇についてが記される。中巻から徐々に神と人の区別があいまいになっていく。

下巻になると天皇家の権力争いや恋愛による愛憎模様が中心に描かれるようになり、少しずつ神話の色は薄れていくのが見て取れるようになる。

8 【古事記誕生の謎】どのような神が登場するのか？

日本には「八百万《やおよろず》の神」という言葉がある。山の神、海の神、果てはトイレの神様も存在する。

『古事記』にも多くの神々が現れる。その神々は神によって生み出されたり、あるいは物から、自然物から生まれるなどさまざまである。イザナギとイザナミの神生みで生まれた神々の場合は、それぞれが自然物を司る神と考えられている。

たとえば石土毘古神《いわつちびこのかみ》は石や土の神、天之吹男神《あめのふきおのかみ》は屋根を葺くことの神、天之狭土神《あめのさづちのかみ》は山地の狭くなった所を司る神の意である。

他にも霧の神、渓谷の神、船の神、海の神、食物の神、鉱山の神、灌漑用の水の神など2柱が生んだ神々は非常に多い。イザナギ・イザナミによる神生みが終わると、次はその化身ともいえる神が生まれ、そしてその神々がまた子を生んで……という流れが続く。

神と一口にいっても、良い神様ばかりではない。イザナギの息子・建速須佐之男命《たけはやすさのおのみこと》（以

出雲大社に神々が集まっている様子（三代目歌川豊国「出雲国大社八百万神達縁結給図」部分）

下スサノオ）は、高天原を追放されヤマタノオロチを退治するまでは、通った場所に災厄をもたらす厄病神だった。しかし現在は災厄を鎮める神として全国で祀られている。（154ページ参照）

これには、神の霊魂は二つの側面をもつという神道の考えが関係している。優しく穏やかな「和魂《にぎみたま》」と荒ぶり猛々しい「荒魂《あらみたま》」だ。

きちんと祀れば神は「和魂」の働きをするし、そうでなければ「荒魂」の働きをする。神によってはあまりに性格が違うため、「和魂」と「荒魂」を分けて祀られることもあるそうだ。

いろいろな性質をもつ神がいるが、『古事記』における神は主に2つに分けられる。天《あま》つ神《かみ》と国《くに》つ神《かみ》である。『古事記』で頻繁に目にするものなので、次項でそれについて詳しく解説していきたい。

9 【古事記誕生の謎】天つ神と国つ神の違いは？

『古事記』の神は「天《あま》つ神《かみ》」と「国《くに》つ神《かみ》」に二分される。

天つ神はすでに登場した、イザナギやイザナミらがそれにあたる。

国つ神は出雲建国にあたったオオクニヌシや猿田毘古神《さるたびこのかみ》（以下サルタビコ）などである。

これらの違いは、神の現れた場所である。天つ神は、神の世界・高天原に降り立った神のことであり、国つ神ははじめから人間の国・葦原中国にいた神のことを指す。

私たちからすればどちらも神であることには変わりないのだが、『古事記』の中では天つ神と国つ神には明確な違いがある。

国つ神は、必ず、物語から退場させられるのである。出雲建国に一役買ったオオクニヌシも、葦原中国を平定するため降り立った天つ神に敗れて国を譲り、その後は宮殿（出雲大社）に隠居する。

サルタビコも登場時には強い力と美しさをもった神として描かれたが、漁をしている最

天つ神の代表イザナギとイザナミ（左）と、国つ神の代表オオクニヌシ（右）（『神代正語常磐草』）

中に比良夫貝《ひらぶがい》に手をかまれ、海であっけなく溺れ死んでしまう。

今に続く、日本を治める天皇家の初代・神武天皇は、天つ神の子孫である。これは何を表すのだろうか？

『古事記』における天つ神と国つ神は、支配を拡大しようとする中央政権とそれに対抗する地方政権を表すという説が有力である。

つまり葦原中国の平定も、天孫降臨も、中央政権が地方を支配していく様子を描いているということだ。中央政権が何度も使者を送って圧力をかけた結果、争いは、中央政権に軍配があがった。ただ、オオクニヌシに従った天つ神もいたことから、中央政権にも穏健派がいたのではないかと考えられている。

10

【古事記誕生の謎】

『古事記』に登場する神に序列はある？

最初に現れた天之御中主神、日本を生んだイザナギとイザナミ、イザナギから生まれた「三貴子《さんきし》」と呼ばれる神々、出雲を建国したオオクニヌシ……。これらの神々に序列はあるのだろうか？

神の中でもっとも位の高い神を「最高神」とよぶ。一般的には最初に現れた神を最高神とするが、日本では太陽神である天照大御神《あまてらすおおみかみ》（以下アマテラス）を最高神とし、伊勢神宮内宮に祀っている。

つまり、最高神であるアマテラスとの関係が深い順に神格が高いということになる。アマテラスの兄弟である月読命《つくよみのみこと》（以下ツクヨミ）とスサノオは「三貴子（3柱の貴い子）」という呼称からわかるように尊い神々であるし、同じ天つ神でも、アマテラスの直系の子孫である方がより高貴な神として扱われるのだ。

天つ神と国つ神では、天つ神の方が圧倒的に位が高いとされる。オオクニヌシはアマテラスと比べるのもおこがましい、ということになる。

ただ、この神の序列ははじめからあったわけではなく、後世の人間がつくり上げたものなのだ。

『古事記』という形で神話がまとまるまでは、各地に根付いた「土着神話」が存在した。地方の出雲ではオオクニヌシを最も尊い神として祀っていた。

大和朝廷も同様に土着の大物主神を祀っていたが、地方と同様の神を祀ったのでは自分たちの優位性を示せないと考え、太陽神のアマテラスを自分たちの祖先と主張し、最高神と定めたのである。

こうして高天原の神々に序列をつけてゆき、朝廷の有力貴族はアマテラスに次いで神格の高い神々を祀っていった。

だが、本来はそうあるべきではない。八百万の神々に貴賤の差はなく、等しく尊い存在なのである。

最高神として描かれているアマテラス（春斎年昌「岩戸神楽之起顕」）

11

【古事記誕生の謎】

神と人はどこから区別されるようになった？

『古事記』において、神と人はどこから区別されるのだろうか？

神の時代が終わり人の世がはじまったのは、神武天皇のときだろう。

血統でいえば、神武天皇は天つ神とワニザメの子である。だが、そもそも「天皇」とは何かといえば、「葦原中国を治めるために高天原から降り立った現人神《あらひとがみ》」なのである。

人の形を成して降り立った神武天皇が子孫をつくり、人の歴史がつむがれていく。

だが、そう言い切るのも難しい。というのも、神武天皇から9代目までの天皇が実在したかというと、そうではないからだ。神武天皇はあくまで伝説上の人物であり、人の世があったかどうか疑わしい。

それでも、『古事記』上でのみ考えるならばやはり神武天皇がはじめの人であると言うしかないだろう。

『古事記』の神々は、「死ぬ」ことがない。正確にいえば、死んでも黄泉国に向かうだけ

人の世のはじまりを統治した神武天皇（「國史画帖大和櫻」）

で、神々は存在し続けるのだ。神々の特徴ともいえるだろう。

ところが、神武天皇からは「御年○○歳。御陵は△△にあり。」という句で一人の天皇の記述が締められる。死を迎えたということである。

ちなみに、初代・神武天皇は137歳まで生きたとされており、2代綏靖《すいぜい》天皇は45歳で、3代安寧《あんねい》天皇は49歳で亡くなったと『古事記』に記されている。

ここまで神と人の違いについて見てきたが、日本においては神と人の区別は実にあいまいなものである。神は人になるし、人も神になることがある。

ヤマトタケルや菅原道真、豊臣秀吉、徳川家康、明治天皇は死後、神としてそれぞれが神社に祀られている。人が何かに対し畏敬の念を抱くと、それは神として認識されるようになるのである。

12

【古事記誕生の謎】

なぜ神を「柱」で数えるのか？

神を数えるとき、「1人、2人」ではなく「1柱、2柱」と数える。人間に近いはずの神に、なぜ物をイメージさせる「柱」を使うのだろうか？

「柱」は、古くから神と深い関わりがあったと考えられている。

まず、古より神は自然物に宿ると考えられており、その中でも特に大木は、神が宿るものとして重要視されていた。今でも神社に行けば、御神木とよばれる巨木を目にすることができる。

柱の形状も、神と関りがあるようだ。柱は地面から天に向かって垂直に立っている姿から、神が降りてくるための通り道としての役割を果たしていたと考えられている。

イザナギとイザナミが葦原中国に降り立ったときにはじめに立てたのも天御柱であった。神と柱は密接な関係にあるということだ。

また、家の中心にある柱のことを「大黒柱」というが、この大黒柱にその家の氏神が宿るとされていた。

この考えは現在の神事にもつながっている。伊勢神宮正殿の床下には「心御柱《しんのみはしら》」とよばれる特別な柱がある。これは建物自体には接しておらず、建築構造としての機能は果たしていない。

にもかかわらず、この柱は伊勢神宮で重要なものとして扱われる。遷宮の際に心御柱を新たに建てる「心御柱奉建祭」はひときわ重要な神事とされ、夜間に非公開で行われる。それはやはり、そこが神の寄り代であり神宮の中心にあたるからだ。

山梨県七面山で祀られている御神木。日本各地でこのような光景が見られる。（©Masahiko Satoh）

柱があるところに、神が宿る。

神と柱に密接な関係があるから、「柱」で数える。

安易な考えのように思うかもしれないが、そこには身近なものに神を見出す日本古来の感覚がある。それが言葉として定着するのは、自然なことだといえないだろうか。

13 【古事記誕生の謎】『古事記』は誰に読まれていた？

天皇家のために書かれた『古事記』だが、現在は一般の人々の手にも渡り、気軽に読むことができる。成立時から現在にいたるまで、『古事記』はどのような人々に読まれていたのだろうか？

まず、成立当時は民衆とはほとんど関係ないところで読まれていたと考えられる。というのも、当時の地方では、それぞれの土地の神を敬う、土着信仰が根強かったからだ。神話に登場する神々を神社で祀ったりして敬うのは、まだ先のことである。

『古事記』も『日本書紀』も、読んでいたのは役人のみで、さらにいうと、特に読まれていたのは『日本書紀』のほうだった。なぜなら『日本書紀』が日本の〝正式な〟歴史書だったからだ。

『古事記』も天皇の勅命によってつくられたはずなのに、天皇の世についての記述が少ないなどの理由で〝正式な〟歴史書になり得なかったといわれる。

『古事記』は役人や豪族の中のかなり狭い範囲で細々と語り継がれていったのだろう。

それが、近世に入ると事情が変わっていった。

江戸の中期、国学者の本居宣長《もとおりのりなが》によって『古事記』が本格的に研究され、『古事記』が明るみに出るようになったのだ。しかしそれも、寺社に眠っていた写本が学者の間に出回っただけで、民衆の手に渡ったとは考えにくい。

明治に入り、ようやく一般の目にふれるようになった。明治政府は教育に『古事記』を取り入れたのだ。『古事記』に儒教的な色が強いことから、学校教材として『古事記』の神話を扱ったのである。

同時期に絵本という形でも発行され、学者だけでなく民衆にも読まれるようになった。なお、近代における『古事記』の扱いや儒教との関係は5章にある項目を参照していただきたい。

本居宣長の肖像画（本居宣長記念館所蔵）

14 【古事記誕生の謎】内容に卑猥な表現が多いのはなぜ？

『古事記』を読んでいると、所々に性的な表現が見られる。初めて『古事記』を読んで、その表現に驚いた人もいるだろう。ただ、これは日本神話に限ったことではなく、世界を見ても神話にエロスはつきものである。それには何か理由があるのだろうか？

『古事記』に関して話を進めると、最初に目にするのはイザナギとイザナミの国生みの場面である。

2柱は国を生むにあたり、「みとのまぐわいをしよう」という。つまり性行為のことである。なにもはっきりと口に出して言わなくても、と思うところだが、当時、性行為は儀式的な意味合いが強かったのである。婚礼の儀であると同時に、子を授かるための儀式だったのだ。

この「子を授かる」という表現や、「子宝に恵まれる」という言葉が表すように、昔は生命の誕生は神からの授かりものとして、今よりもありがたく受け止められた。そのよう

胸乳をさらけ出して踊るアメノウズメ（『神代正語常磐草』）

な背景があり、女陰は命を生み出すところとして神聖視されたのだろう。本文に「女陰」という表現が幾度も見られるのも、敬いをこめてのことだと考えられる。

そもそも、『古事記』は世界および日本のはじまりの物語である。ということは、命が生み出されなければならない。そのときに性的な表現が含まれるのは至極当然のことである。

さらに言うと、「性的なことは隠すべき恥ずかしいことだ」という感覚自体が、近代以降のものなのである。江戸時代以前は、日本人は性に対して寛容だった。明治以後の近代化に伴い、諸外国と対峙することになったため、政府によって旧習が取り締まられたに過ぎない。古代ともなれば、その行為に性的な意図など含んではいなかったのだろう。

古事記の世界に旅立とう その1

伊勢

伊勢神宮の内宮《ないくう》前には、江戸時代後半から明治時代初期にかけての門前町を再現した「おかげ横丁」が広がっている。

この名前には、江戸時代に流行した「おかげ参り」と、「商売繁盛はお伊勢さんのおかげ」という2つの意味がこめられている。

おかげ横丁には、伊勢名物の赤福餅をはじめ、伊勢うどん、牛鍋などの飲食店が建ち並ぶ。招き猫専門店や伊勢の伝統工芸品を取り扱った名産店など、特徴的な店も軒を連ねている。

また、神話の世界を映像や模型で味わえるおかげ座も人気が高い。他にも、俳句や版画の展示など、日本の伝統的な文化を楽しめる施設もある。

【アクセス】

［内宮］ JR参宮線・近鉄山田線伊勢市駅から内宮行きバス乗車（約20分）

［外宮］ JR参宮線・近鉄山田線伊勢市駅から徒歩約5分

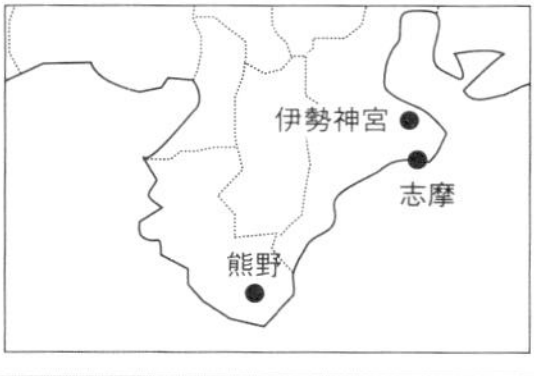

二章　日本神話の謎

15 【日本神話の謎】国生みで北海道と沖縄は生まれていない？

1章でイザナギとイザナミによって日本が生まれたと紹介したが、実はその日本は今の日本と異なる。

国生みの際に生まれた島は、順に、淡道之穂之狭別島《あわじのほのさわけのしま》（淡路島）、伊予之二名島《いよのふたなのしま》（四国）、隠伎之三子島《おきのみつごのしま》（隠岐）、筑紫島《つくしのしま》（九州）、伊伎島《いきのしま》（壱岐）、津島《つしま》（対馬）、佐度島《さどのしま》（佐渡）、大倭豊秋津島《おおやまととよあきづしま》（近畿広域※これを本州とみる説もある）の八島である。

そこからさらに、吉備児島《きびのこじま》（岡山・児島半島）、小豆島《あづきじま》（香川・小豆島《しょうどしま》）、大島（山口・大島）、女島《ひめじま》（大分・姫島）、知訶島《ちかのしま》（長崎・五島列島）、両児島《ふたごのしま》（長崎・男女群島）の六島が生まれた。

以上が国生み当時の日本で、今と比べると、北海道、東北、沖縄がないことがわかる。

これはいったいどういうことなのだろうか？

それは、『古事記』が成立した当時、北海道や沖縄は日本ではなかったということである。

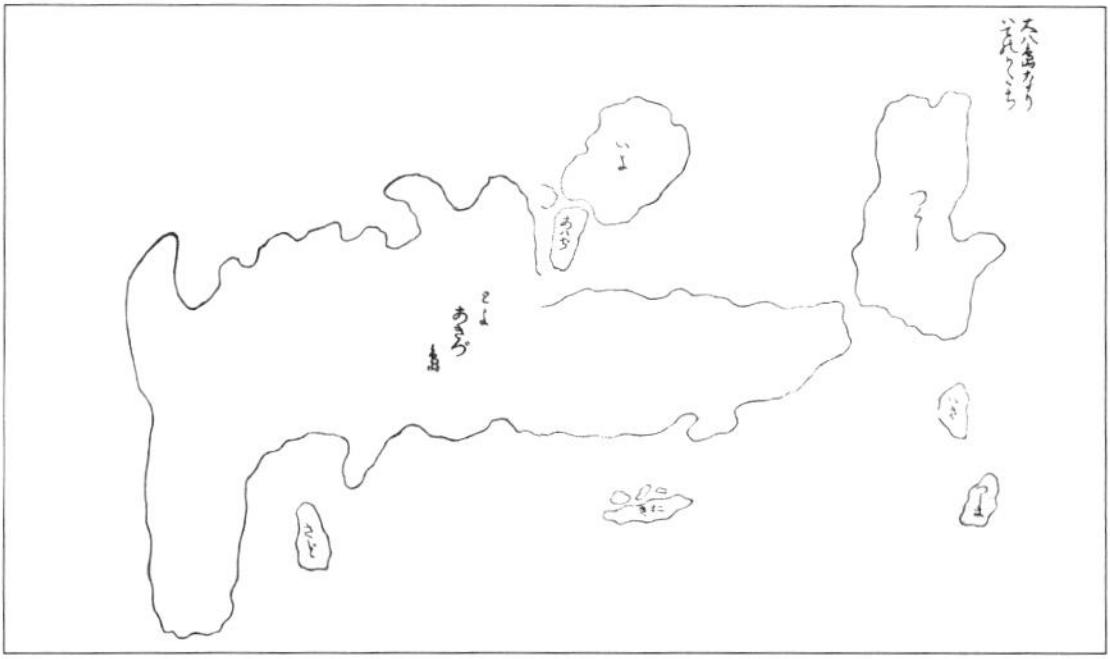

イザナギとイザナミの国生みで誕生した大八島国（『神代正語常磐草』）

　正確に言うと、当時の朝廷の支配が及んでいなかった地域、またはまだその土地が認識されていなかった地域は、「日本」の中に組み入れられていなかったのだ。

『古事記』ではヤマトタケルが天皇に東征を命じられているが、あくまで伝説上の話であり、実際には7世紀中頃から東北地方へ進出していった。

　北海道は15世紀頃からようやく本州の大名が支配に乗り出していったが、江戸の中頃になっても日本地図に描かれていなかった。

　同様に、沖縄は15世紀に「琉球王国」として成立し、明（中国）や東南アジアとの貿易を得意としながら、独自の政治を行っていた。

　共に正式に日本の領土となったのは、明治以降のことである。

16 【日本神話の謎】最初の国土・淤能碁呂島は実在するのか？

国生みの前にイザナギとイザナミが最初に降り立ったのが、淤能碁呂島《おのごろじま》だった。2柱が、まだ形の定まらない葦原中国を矛でかき混ぜ、引き上げるときに滴った海水が積み重なってできた島だ。「おのごろ」は「自凝」とも書き、自然に凝り固まってできた島という意味である。

このように、きちんとした名前がついており、そこには天御柱《あめのみはしら》や八尋殿《やひろでん》も建てられた。にもかかわらず、この島はいったい何なのか、どこにあるのかがまったくわかっていないのだ。

とはいえ、いくつかの候補はある。

1つは和歌山の紀淡海峡に浮かぶ友ヶ島《ともがしま》で、他には兵庫の淡路島北東にある絵島《えしま》、徳島の鳴門海峡にある飛島《とびしま》、淡路島北西の瀬戸内海・播磨灘にある家島《いえしま》、そして、淡路島の南にある沼島《ぬしま》である。地球そのもの、などという説もあるようだ。

いずれも、イザナギとイザナミによってはじめに生み出された淡路島の近辺に位置しており、最初の国土とするのに問題はなさそうである。その中でも、近世以降、もっとも有力であるとされているのが沼島である。

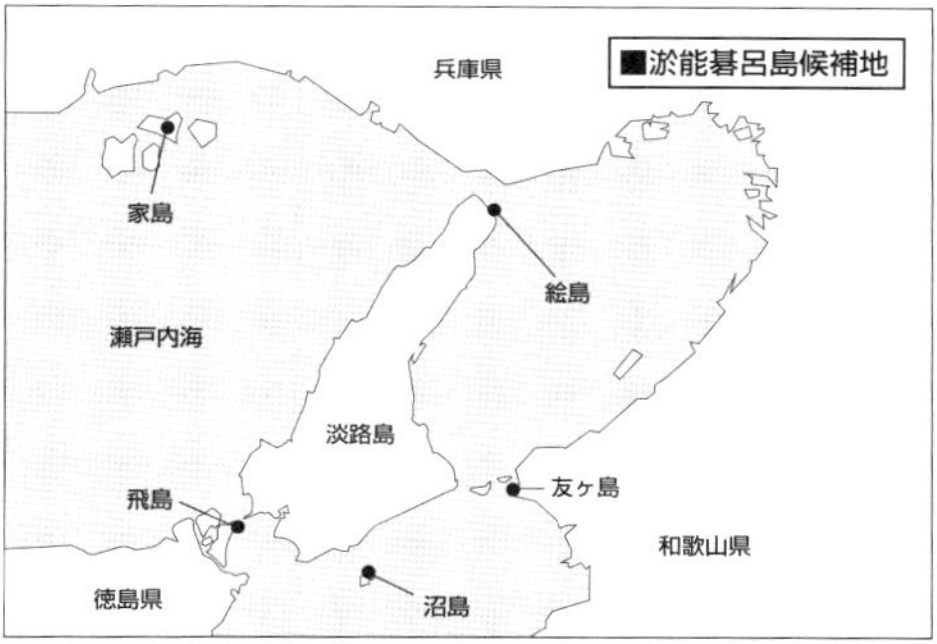

淤能碁呂島と考えられる島々の地図。淡路島近海に集中していることがわかる。

沼島の東の海岸には、高さ約30メートルもある奇岩・上立神岩《かみたてがみいわ》があり、それはイザナギとイザナミが国生みの儀式で回った天御柱であると伝えられている。また、島全体がご神体だと考えられており、地元では「おのころさん」と呼ばれ親しまれている。

それぞれの島に、天御柱や天浮橋にまつわる地があったり、イザナギとイザナミを祀る神社がある。

淤能碁呂島の推定所在地にくわえ、国生みではじめに生まれた島が淡路島と四国だったため、かつて日本の中心は阿波（徳島）だったのではないかとも考えられている。

17

【日本神話の謎】

イザナギとイザナミはどんな神を生んだ？

イザナギとイザナミは国生みを終え、次に神生みを行った。すでに一部を紹介済みだが、日本の祖である2柱はどのような神々を生んだのだろうか？

2柱が交わって生まれた神は、はじめの大八島国《おおやしまぐに》（水蛭子《ひるこ》、淡島は除く）を含めると、21柱にもおよぶ。

さらに2柱が個別に生み出した神を含めると、その数は61柱まで増える。『古事記』に登場する神が神代だけでも100柱以上おり、その半数をイザナギとイザナミが生み出したということになる。

では、2柱が生んだ神はどのような性質を持っていたのだろうか？　一連の流れを追っていこう。

神生みでまず生まれたのは大事忍男神《おおごとおしおのかみ》で、続いて石、土、砂、屋根葺き、家屋の神が生まれる。ここまでで、家屋の成立を表していると考えられる。

京都市右京区にある愛宕神社。イザナミと火の神カグツチが祀られている。

次には、海、河口、凪、波、分水嶺、ひさご（瓢箪）で水を汲むことの神が生まれる。これらはすべて、水や海にまつわる神々である。続いて、狭い山地、霧、渓谷、山で迷うことの神が生まれ、山にまつわる神が誕生した。そして天空や海上を見守る神、食物の神、最後に火の神が生まれ、そのときにイザナミは火傷を負い、体調を崩す。

そのとき、吐瀉物から鉱山の神が、糞からねば土の神が、尿から灌漑用の水の神と生産の神が生まれ、その後、イザナミは命を落としてしまう。

このようにしてみると、イザナギとイザナミが生んだ神々は、人の生活と密接に関わっていることがわかる。家屋をつくり、海や山で生活に必要な食物をとる。そのうちに火を使うようになり、農業や窯業、冶金《やきん》を行うようにもなっていく。

イザナギとイザナミは、日本の祖であるとともに、できたばかりの日本に文明をもたらしたのである。

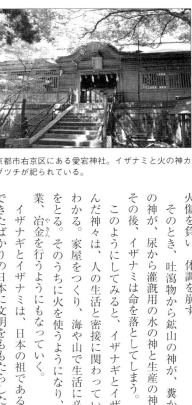

18 【日本神話の謎】神も占いを気にする？

神は全知全能で、あらゆることへの決定権をもっている――という印象を持つ人も多いだろう。だが、『古事記』に登場するのは、そのような神ばかりではないのである。

イザナギとイザナミが国生みをはじめたとき、1度目の行為で不完全な子を産んでしまった。そのときに、「なにがよくないのだろう。別天神《ことあまつかみ》にお伺いをたてよう」と考える。

高天原へ戻り、別天神にたずねると、すぐに答えは返ってこず、まず占いをはじめたのだ。「太占《ふとまに》」という、鹿の肩の骨を朱桜《すざくら》の皮で焼いてヒビの入り方で吉凶を判断する、古代の占法である。その結果を見て、別天神は2柱に指示を出す。

なぜ、天つ神のトップであるはずの別天神がすぐに判断を下さず、占いを重視するのだろうか？

すでに述べたように日本の神々に序列はなく、みな平等に尊い存在であるとされる。また、それぞれが得意な分野をもっていることが特徴の1つでもある。つまり、日本の神々

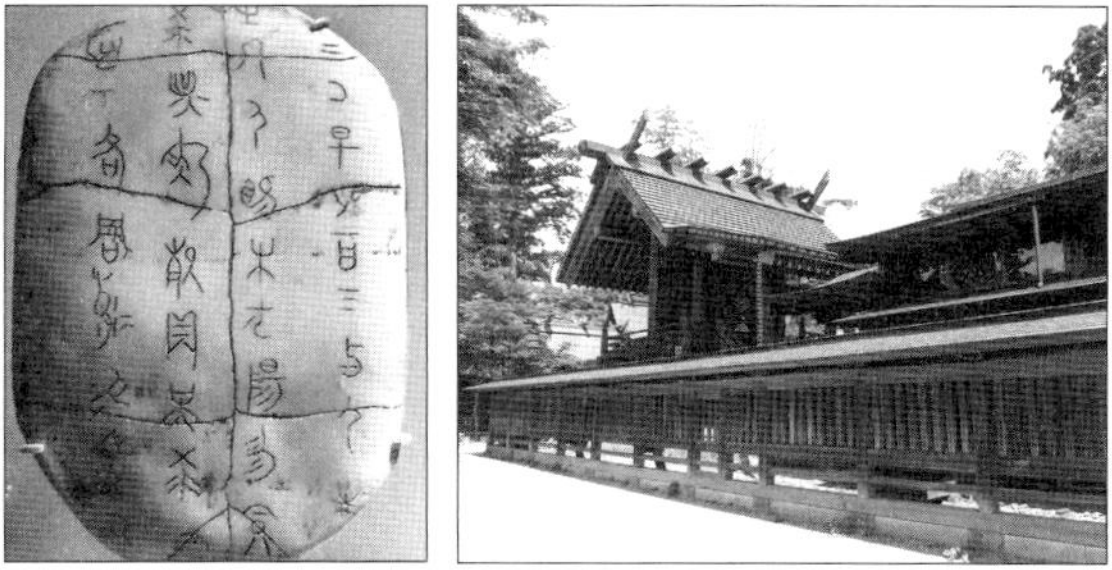

亀卜に用いられたとされる亀の甲羅（左／©Kowloonese）と太占祭を行う武蔵御嶽神社（右）

に、すべての決定権をもつ、全知全能の神はいないのである。別天神といえど、占いの結果は何より重要だったのだ。

日本人は古代より、あらゆる出来事に対して「神意を伺う」ための占いをしてきた。『古事記』の中で神が占いをするのは、実際はその慣習の表れなのだろうが、もしかしたら神様も、他の神様に意見を伺っていたのかもしれない。

ところで、古代の日本人にとって欠かせなかった太占は、時代が下るにつれて廃れていった。奈良時代には、中国から伝わったという、鹿の骨でなく亀の甲羅を用いる亀卜《きぼく》に代わっていった。

現在でも太占を行う神社はあるが、東京都青梅市の武蔵《むさし》御嶽《みたけ》神社、群馬県富岡市の一ノ宮貫前《ぬきさき》神社の2社のみである。秘事のため公開はされていない。

19 【日本神話の謎】不遇の神・水蛭子はなぜ生まれた？

生まれたと同時に、その身体が不完全だったために捨てられてしまった神・水蛭子《ひるこ》。なぜこのような悲劇が起きたのだろうか？

水蛭子が生まれるまでの経緯は、すでに述べたとおりである。行為の前に、女から声をかけたのがよくなかったため、不完全な子が生まれてしまった。それが水蛭子だ。

この話に「男尊女卑だ」と憤りを覚える人もいるかもしれないが、そうではない。この説話は、儒教の教えをふまえて考えるのがよいだろう。

儒教の教えの1つに、夫婦関係のあり方を説いたものがある。それは、「妻は夫に尽くしなさい」というのではなく、「夫婦が各々の役割を果たしなさい」というものだった。今回の行為では、女ではなく男が先に声をかける役割だったというだけである。そもそも、このような初生児を捨てる話は世界各地の神話にも多く、日本の神が特別ひどいわけではない。

では、水蛭子は葦の船に乗せて流されたあと、どうなったのか？　水蛭子の現在の姿は、

天御柱を回り国生みの儀式を行うイザナギとイザナミ（『神代正語常磐草』）

ご存知の人も多いはずだ。福の神である、恵比寿《えびす》様だ。

水蛭子は流されたあと、摂津国の西宮にたどり着く。古来、このように漂流して流れ着いてきたものを、福をもたらす「客人神」として祀る習慣があった。恵比寿も、海からやってきて福をもたらすとして、古くから漁村などで尊ばれていた神。海から流れ着いた水蛭子と同一神であるとされ、その地で神として祀られるようになったという。

ちなみに、水蛭子と同様に流された淡島だが、こちらも現在は淡島神として祀られている。ただし、この淡島神の本体はイザナミらの子ではなく、造化三神の1柱・神産巣日神《かみむすひのかみ》の子である少彦《すくなびこ》名神《なのかみ》（以下スクナビコナ）だという説の方が有力である。

20 【日本神話の謎】イザナミが向かった黄泉国とは？

イザナミは火の神・火之迦具土神《ひのかぐつちのかみ》を生んだことで、陰部に火傷を負い、「神避《かむさ》る」こととなった。つまり死んでしまったのである。

そうしてイザナミは、葦原中国を去り、黄泉国《よみのくに》へと向かった。そこは、俗に「死者の国」と呼ばれる世界であり、本居宣長は、葦原中国の下に位置すると考えた（23ページの図を参照）。現在の「蘇る」という言葉は、「黄泉」から「帰る」ことを語源にする。

『古事記』における黄泉国は、暗く、闇に包まれた恐ろしい世界であるとされるが、詳しい描写はない。

暗く、そこへ行った者が醜い姿になってしまうことから、黄泉国は、古代の墓の内部を表しているという説もある。古代には、肉親を埋葬したあとにその遺骸を見に行くという風習があったという。それがイザナギの黄泉国訪問の話につながっているのではないだろうか。

古代の人々には、もう1つ死後の世界についての考え方があった。

島根県松江市東出雲町にある黄泉比良坂（©ChiefHira）

それは、「人は死んだら、常世国《とこよのくに》にいく」というものだ。常世国は海のはるか彼方にある、美しい、不老不死の国だという。闇に包まれた黄泉国へ下ってしまう『古事記』の話とはまったく異なる死生観である。

ただ、『古事記』でも常世国について描写されているのだ。オオクニヌシと共に出雲を建国したスクナビコナは、その後、常世国に渡ったと記されていた。

常世国は海をいくつも越えてやっとたどり着ける場所であるのに対して、黄泉国はイザナギにとっては行こうと思い立ってすぐに行ける近さにあった。

ずっと昔は、死者の世界も身近なものと考えられていたのかもしれない。そんな身近な黄泉国だったが、イザナギとイザナミの決別によって、人の国から切り離されることになったのである。

21 【日本神話の謎】イザナギはどのように黄泉国を逃げ出した？

愛する妻・イザナミが死に、寂しさに耐え切れなかったイザナギは、妻のいる黄泉国に向かった。だが、イザナミはそこで、醜く蛆《うじ》のわいた姿になったイザナミを見てしまう。

さすがにそんな姿を見れば、百年の恋も冷めてしまうものだ。イザナギは恐れをなして黄泉国を逃げ出そうとした。

しかし姿を見られたイザナミも「私に恥をかかせてくれたな」と怒り、黄泉国の醜女を追っ手に差し向けた。捕まるわけにはいかないイザナギは、手に持っていたさまざまなものを投げ、醜女《しこめ》を振り切る。

まず黒い蔓《かずら》を投げると、そこに葡萄《ぶどう》の実が生え、醜女がそれを拾って食べているうちに逃げた。さらに追いかけてくるので、次は髪に挿していた櫛《くし》を投げると、そこから筍が生え、また醜女がそれを引き抜き食べているうちに逃げ進んだ。

そのうちにイザナミは黄泉国の軍隊までをも差し向けたが、イザナギは十拳剣《とつかのつるぎ》を後ろ手にふりつつ、黄泉国と葦原中国の境である黄泉比良坂《よもつひらさか》のふもとまでたどり着いた。そこに桃の実が3つなっており、それをもいで投げつけると、みな逃げ帰っていった。

ついにはイザナミが自ら追ってくることになるが、イザナギは境界上に千引石《ちびきのいわ》を置き、黄泉国につながる道を塞いでイザナミに離別を言い渡すことで、難を逃れることに成功した。

この逃走劇は、逃走の手助けになるものを呪術で生み出す、「呪的逃走」という形式の説話である。蔓を投げると葡萄がなったり櫛を投げると筍が生えるのは呪術の一種であり、後ろ手でなにかをするのは相手を呪う行為とされる。

また、桃の実は古代中国では仙人の食べ物とされ、悪霊や邪気を祓う霊力があったといわれる。最後の岩石は、悪霊邪気の侵入を防ぐものと信じられていたのである。

黄泉比良坂にて決別するイザナギ（上）とイザナミ（下）（名取春仙・画）

22 【日本神話の謎】イザナギが嫌った「穢れ」とは？

黄泉国から戻ったイザナギは、「なんという穢《けが》れた国に行ってしまったことだ。心身の穢れを祓《はら》うために禊《みそぎ》をしなければならない」と考えた。

この「穢れ」「禊」「祓《はらえ》」は、日本の神道における考え方である。「穢れ」は、「あるものが理想的ではない状態」を表す。死は「穢れ」であり、穢れがついている人・ものは災いを引き寄せると考えられているのだ。

穢れに触れた場合に水で心身を清める行為を「禊」という。そして、災厄を引き起こす「穢れ」を浄化する、総括的な行為を「祓」という。

『古事記』では、黄泉国での穢れを祓うため、イザナギは筑紫の日向《ひむか》の橘の小門《おど》の阿波岐《あわき》原《はら》に行って、川の水で身を清めた。その際に、三貴子を含め26柱の神々が生まれている。

イザナギが禊を行うため身に着けていたものを脱ぎ、川に入ると神が生まれた。はじめに生まれた神は、人に災いをもたらす悪しき神だった。続いて生まれた神は、災いをそれ

黄泉国から戻り、川で禊をするイザナギ（『神代正語常磐草』）

が起こる前の状態に戻してくれる神だった。

　そのまま禊を続け、禊の最後に生まれたのが、最も尊いとされる三貴子である。（60ページ参照）

　この過程は、禊を行うことで穢れ（＝マイナスの力）が削ぎ落とされ、心身が清らかになり、だんだんとプラスの力が生じていくことを表していると考えられる。

　死は穢れであるが、穢れは死だけではない。日常において、自分の気持ちの中に生じた暗い考えや悪意によって穢れはつくり出されるのである。知らず知らずのうちに、心身に穢れをためているのだ。

　神棚や神社に手をあわせる前、水で手を洗ったり口をゆすいだり、盛り塩をしたりするのは、こうした風習の名残りなのである。

23

【日本神話の謎】

三貴子はどのような存在なのか？

イザナギが禊を行ったとき、左目を洗うとアマテラスが、右目を洗うとツクヨミが、鼻を洗うとスサノオが生まれた。このとき、イザナギはたいそう喜び、「私は神を多く生み、最後に3柱の貴い子を得た」といった。これが「三貴子」の由来だ。

三貴子は、天つ神の中でも高位の神々とされている。それぞれ、どのような存在なのだろうか？

アマテラスとスサノオは、このあと『古事記』の中心を占めるようになる。

アマテラスはすでにある程度述べたとおり、日本の最高神であり、太陽を司る女神である。実は、太陽神が女神であるのは珍しい。他の神話の太陽神は、ほとんどが男神なのだ。そんなアマテラスは天皇家の祖先神とされ、伊勢神宮内宮に祀られている。

スサノオの名前の「すさ」は、「猛々しい」を表す言葉。その名のとおり、気性の激しい神だった。イザナギに海原を治めるよう言われるが、イザナミのいる黄泉国に行きたい

三貴子の１柱アマテラス（右／三代歌川豊国「岩戸神楽ノ起顕」部分）とスサノオ（左／楊洲周延）

と駄々をこねるし、その後にアマテラスにも迷惑をかけた結果、高天原を追放され、葦原中国に降り立った。それ以降はヤマタノオロチを退治する英雄として描かれる。

では、２番目に生まれたツクヨミについて知っている人はどれほどいるだろうか？

ツクヨミはイザナギによって、夜之食国《よるのおすくに》を治めるよう命じられた。出番は以上である。

なぜここまで極端に登場回数が少ないのだろうか？　理由としては、ツクヨミは夜の国を治めるので表舞台に出られなかったとか、アマテラスと仲違いをしたために、アマテラスの陰に隠れざるをえなかったという説がある。

文献の記録がほとんど残っていないため、ツクヨミは最も謎が多い神の１柱である。

24 【日本神話の謎】アマテラスとスサノオが行った誓約の意味は？

イザナギに海原を治めるよう命じられたにもかかわらず、母・イザナミに会いたいと駄々をこねていたスサノオは、姉・アマテラスのもとへ行き、その事情を話すことにした。ところがアマテラスは、突然訪ねてきた弟が自分の国を攻めてきたのだと思い、スサノオを武装して出迎える。

このような態度をとられたスサノオは、自らの身の潔白を証明するためにアマテラスと賭けを行う。

この行為を、「誓約《うけい》」（宇気比とも書く）という。誓約とは、お互いに誓約を交わすというよりは、神に誓約し、神意を伺う占いのようなものである。

では、どのように身の潔白を示すのか？　スサノオは自らが身につけていた十拳剣《とつかのつるぎ》をアマテラスに渡した。それをアマテラスが噛み砕くと、3柱の女神が生まれた。

次に、アマテラスが身につけていた八尺《やさか》の勾玉《まがたま》をスサノオが噛み砕くと、5柱の男神が

誓約を行うスサノオ（左）とアマテラス（右）（『神代正語常磐草』）

生まれた。ここで生まれた神は、噛み砕いたものを元々身につけていた神の子とみなされる。つまり、女神はスサノオの子、男神はアマテラスの子である。

誓約で女神が生まれることは、スサノオの心に邪心や謀反の心がないということの証明になるという。よって、スサノオは無理やり侵入したのではなく、アマテラスの許可を得て、高天原に入ることを許されたのである。

なお、これらの道具は、天安河《あめのやすのかわ》という高天原にあると信じられていた川の聖水ですすがれた後、誓約に用いられた。身を清める意味合いがあるのだろう。

このとき生まれた女神が、海原を司る宗像三神《むなかたさんしん》で、アマテラスから生まれた神の1柱は、天孫降臨で葦原中国に降り立ったニニギの父にあたる、天之忍穂《あめのおしほ》耳命《みみのみこと》である。

25 【日本神話の謎】天岩戸神話の闇の正体とは?

アマテラスの許しを得て高天原に入ったスサノオは、高天原の田の畦《あぜ》を壊してまわったり、祭殿に糞を撒き散らしたりと、ひどい乱暴狼藉をはたらく。それに怒ったアマテラスは、天岩戸《あまのいわと》に隠れてしまった。

太陽神であるアマテラスが隠れたことで、高天原も葦原中国も、常世の闇に覆われてしまい、邪神の活動が活発になったことで世に災いがあふれたという。有名な場面だが、この「闇」とは何を表しているのだろうか?

一般的によく言われるのが、「日蝕《にっしょく》」である。現在はちょっとしたイベントのような扱いになっているが、古代の人々からすれば、光が失われるということは、生死に関わる一大事だった。

一面が闇に覆われると、作物は育たず、飢饉《ききん》が訪れる。あらゆる災いが起こるという神話の流れと重なる出来事だ。

また、火山の噴火によって空が火山灰で覆われたことで、日の光が遮られた様子を表すとする説もある。神話に置き換えれば、天岩戸は火山灰を表していることになる。

他にも、日蝕まではいかないが、光のエネルギーが弱まる冬至の頃の様子を表しているという説もある。冬至の何が恐ろしいのか、あまりピンとこない人も多いだろうが、日照時間が1年でもっとも短くなる冬至は、農耕民族にとっては不安なもの。こういった神話は世界各地にあり、国によっては冬至は恐ろしいものであった。

太陽神が隠れて世界が闇に包まれる話は、インドシナ、中国、ギリシャ、北欧の神話に見られる。

天岩戸の内に閉じこもるアマテラス（右）と外に出そうとする神々（左）（月岡芳年『大日本名将鑑』）

可能性は低いが、そういった地方から神話が伝わってきて『古事記』に影響を与えたのだとすれば、天岩戸神話が冬至を表すという考えもできるのかもしれない。

26

【日本神話の謎】

天岩戸での踊りは何を表している?

アマテラスが天岩戸に隠れてしまい、世界は真っ暗になった。困った八百万の神々は、どうにかしてアマテラスを天岩戸から引きずり出そうと、作戦を練る。

話し合った神々は、天岩戸の前で宴会騒ぎを行うことにした。神々に鏡や勾玉をつくらせ、一連の行動が正しいかどうかを占った。

その結果、良しとでたので、天宇受売命《あめのうずめのみこと》(以下アメノウズメ)は神懸かりをして、胸乳をさらけ出し、衣装の紐を陰部まで押し下げ、裸も同然で踊った。それをみて高天原の神々はおおいに笑い、その場は賑わったという。

その笑い声を不審に思ったアマテラスが入り口から顔を出した隙に引っ張り出し、天岩戸を封じてしまったというのが天岩戸神話のあらすじである。

アマテラスを引っ張り出すためにアメノウズメが踊ったというこの行為は、何を表すのだろうか?

これは、ただ踊ったのではなく、祭祀的な意味合いをもつ儀式だったと考えられる。踊る前の準備で登場する道具がそれを物語っている。

この儀式は、「鎮魂祭」「大嘗祭《だいじょうさい》」を表すともいわれる。前項で天岩戸神話が冬至の頃を表すという説を紹介したが、鎮魂祭とは旧暦11月の冬至の時期に、アマテラスの直系の子孫である天皇家の魂を鎮めるために行われる祭祀なのだ。

大嘗祭は天皇の即位後初めて行う重要な祭祀で、その大事な行事の前に天皇の魂を鎮めるのが鎮魂祭である。

このアメノウズメの踊りが、神楽のルーツになっているという。このため、アメノウズメは神楽の神として祀られており、あらゆる芸能の向上によいとして、芸能関係者が参拝することも多いそうだ。

装飾を身にまとい踊るアメノウズメ（「天宇受売命」梶田半古）

27 【日本神話の謎】全国に天岩戸が点在する？

日本神話に登場する地名は、現在の日本の各地に今もなお、説話とともに引き継がれている。たとえば、黄泉国への入り口である黄泉比良坂《よもつひらさか》は、現在の島根県松江市東出雲町に存在する。

これと同じように、アマテラスが閉じこもった天岩戸も存在するとされているのだが、なぜかそれが全国各地に点在しているのだ。

まず、最も有力なのが宮崎県の高千穂《たかちほ》にある天岩戸である。ここはニニギが降り立ったとされる場所でもあり、天岩戸とされる場所は神聖な雰囲気が漂っている。

次に、三重県の伊勢である。伊勢神宮外宮と、二見興玉《ふたみおきたま》神社、そして三重県志摩にも天岩戸とされる場所があり、この水は名水百選にも選ばれた。

他にも、奈良県橿原《かしはら》市にある天岩戸神社、岡山県蒜山《ひるぜん》の山頂付近、徳島県つるぎ町、最南端では沖縄県伊平屋村《いへやそん》のクマヤ洞窟などが候補として考えられている。

高千穂神社の天安河原。八百万の神が集い、アマテラスを外に出すための話し合いをした場所といわれている。（©Muzinabear）

近畿地方を中心に全国に点在するが、なぜこれほど多く候補地があるのだろうか？

大きな理由としては、高天原の場所が定まっていないことがあげられる。ある程度の目星がつけばもう少し範囲を絞れそうなものだが、それができないため、アマテラスと関係が深く、さらに霊力が宿ると考えられる山中や高地、水辺といった地形をふまえた場所が、天岩戸の場所として考えられてきたのだろう。

天岩戸にまつわる地は他にも多くある。「天岩戸」だけでなく「岩戸」や「戸隠」という名のつく神社は、天岩戸神話にまつわる場所である可能性が高い。

『古事記』の研究が今後さらに進めば、天岩戸の場所も定かになってくることだろう。

28 【日本神話の謎】スサノオはなぜ暴れるのか？

父であるイザナギに海原を治めるよう言われたにもかかわらず、その命に背いて、挙句の果てに高天原で大暴れしたスサノオ。いったい、何が彼をそうさせたのだろうか？

その答えは、スサノオの出自にあると考える説がある。スサノオは本当は天つ神ではなく、出雲における地方神だったという史料が残っているのだ。

出雲地方の歴史を記した『出雲国風土記《いずものくにふどき》』には、スサノオに関する記述がある。『古事記』ではイザナギから生まれた高貴な神として描かれるが、この『出雲国風土記』では、出雲にとどまる強力な神として敬われているのである。

スサノオが母・イザナミのいる黄泉国に行きたいといったのも、スサノオの出自が関係していると考えることができる。スサノオは「黄泉国」といわず「根之堅州国《ねのかたすくに》」というが、2つは同じく死者のゆく国である。死者の国への入り口は出雲にあった。母のいる根之国に行きたいというよりは、故郷である出雲に帰りたいという思いがあったのではないだろうか。

『出雲国風土記』の記述は、地方出雲に、スサノオに表される強大な力を持った統治者がいたことを思わせる。もちろん、朝廷からすれば邪魔な存在である。

そこで、『古事記』や『日本書紀』において、その強力な敵を自分たちの系統のものであるかのように記したのだと考える説がある。

現に、葦原中国の出雲に降り立ってからのスサノオは、大人しいものだ。スサノオが暴れたのは、地方政権による中央政権への抵抗とみることができる。神話に歴史が反映されているとすれば、ひとしきり抵抗したのち、朝廷側が折れたのか、再び出雲に戻り出雲を治めるようになったということだろう。

猛々しく描かれるスサノオ（歌川国芳「武勇見立十二支素戔雄尊辰」部分）

その後は子孫にあたるオオクニヌシが引き継ぐが、スサノオは根之国に隠居した後も、出雲統治について助言をしながら出雲における存在感を示している。

29
【日本神話の謎】
五穀が生まれたのはスサノオのおかげ？

人間にとって重要な主食となる五穀。現代では米・麦・粟・豆・黍《きび》または稗《ひえ》を指すことが多いが、その内容は時代によって異なるそうだ。『古事記』によると、この五穀が生まれたのが、スサノオによる狼藉のおかげだというのである。

高天原を追放されたスサノオは、葦原中国に降り立つときに一人の女神と出会う。大気津比売神《おおげつひめのかみ》（以下オオゲツヒメ）という、食物を司る神である。オオゲツヒメも、イザナギとイザナミの神生みによって生まれた神の1柱である。

スサノオがオオゲツヒメに食べ物を欲しいと頼んだところ、オオゲツヒメは鼻や口や尻から、さまざまなおいしい食べ物を出した。

ところがスサノオは、このようなもてなしを汚らわしいと思い、怒りにまかせてオオゲツヒメを切り殺してしまった。

何も殺さなくても……と思ってしまうが、オオゲツヒメの亡骸をみると、頭に蚕《かいこ》がなり、両目に稲が、両耳に粟が、鼻に小豆が、陰部に麦が、尻に大豆がなった。これを造化三神の1柱、神産巣日神《かみむすひのかみ》がとって種として、世に広めたというのが、五穀のはじまりだという。

このように、死から豊穣が生じるという神話は世界各地にみられる。枯れたように見える植物からも種ができ、またそれが次の実りをもたらすという自然のはたらきを表したものだろう。

施しを与えてくれたオオゲツヒメを切り殺すとは、スサノオの荒々しい面が如実に表れている。一方で、そのおかげで五穀が生まれたと考えれば、これはスサノオが残した功績ともいえる。

それまで乱暴狼藉を働いていたスサノオの荒々しい側面と、今後英雄として描かれるスサノオの勇ましい側面を、どうにか描こうとした当時の編纂者の思いが窺えるようだ。

稲穂をその手に抱えるオオゲツヒメ（画像引用：『オオゲツヒメと倭国創生』）

30 【日本神話の謎】日本酒の発祥はヤマタノオロチがきっかけ？

葦原中国に降り立ったスサノオは、悲しみにくれたある老夫婦と出会う。わけを聞くと、村にヤマタノオロチという八頭八尾の怪物が現れ、8人いた娘のうち、7人を食い殺してしまった。次は最後の1人が食われる番なのだ……ということであった。

話を聞いたスサノオは、8つの甕《かめ》の中に酒をつぎ、怪物を待ち構えた。村にやって来たヤマタノオロチはその酒を飲み、酔い潰れて寝てしまう。その隙に、スサノオは十拳剣でヤマタノオロチを切り裂き倒し、娘を救うことに成功した。

絵本にもなっているこの説話を、知っている人も多いだろう。このときの酒が、日本最初の酒だといわれている。

ヤマタノオロチに飲ませたのは、八《や》鹽折《しおおり》とよばれる酒で、一度熟成させたもろみを絞って、また麹と粥を入れ熟成させるという手順を8回も繰り返して醸造した、たいそう強い酒である。『古事記』編纂時の奈良時代に、こういった醸造方法があったということだろう。

酒を飲むヤマタノオロチ（『古事記神代巻：和・漢・英三文対録 上・下』）

『魏志倭人伝《ぎしわじんでん》』にも、米による酒造りの描写が見られる。そこには「倭人は「人性嗜酒」で葬儀の際にも「歌舞飲酒」する」とあり、昔から日本人は酒好きで葬式の席でも歌い踊りながら酒を飲んでいたという。

古代の酒にまつわるエピソードに、第15代応神天皇のものがある。応神天皇は『古事記』で酒を嗜む話が多く記されている。

中でも、酒を飲んだ帰りに杖を片手に大和から河内まで歩いていたとき、その杖で大きな石を叩くとその石が逃げ出したという話がある。この話が由来となった「堅石《かたいわ》も酔人《えいびと》を避く」ということわざが現在にも残っている。酔っ払いには近づくな、ということだ。

これほど酒好きの民族なのだから、当然のごとく酒の神もいる。オオクニヌシもそのうちの1柱だそうだ。

31 【日本神話の謎】ヤマタノオロチの正体とは？

村を襲い、人々に危害を加えるヤマタノオロチ。頭が8つで尾が8つ、目は赤くホオズキのようで、体長は8つの谷と8つの丘にまたがるほど長く、その腹は血に爛《ただ》れたように常に赤くなっている……。おとぎ話の怪物にふさわしい特徴だ。

だが、単なるおとぎ話にとどまらないのが『古事記』である。このヤマタノオロチの正体は何だろうか？

ヒントになるのは、「8つの谷と8つの丘にまたがる」という部分。これは山々の間を流れる川を表しているとされる。ヤマタノオロチが村を襲うというのは、川の氾濫によって村が被害を受けることの比喩表現なのだ。

スサノオが降り立ったのは、出雲国の肥の河上流にある鳥髪《とりかみ》という場所だと『古事記』に記されている。肥の河というのは、現在の島根県・斐伊川《ひいかわ》だと考えられる。

山陰地方では古くからたたら製鉄業がさかんで、多量の木炭が必要だった。そのために森林を伐採したことで、よく洪水が起こった。また、砂鉄を取るために川が赤く濁り、下流の農村には大きな影響が出たという。

宍道湖に流れる斐伊川。複数の流れが１つに集まっていく。

当時の人々には、こうした河川の氾濫が、まるで大蛇が暴れるかのように映ったのだろう。ちなみに、スサノオの妻になった櫛名田比売《くしなだひめ》（以下クシナダヒメ）も、河川の氾濫と関係があるのではないかという指摘がある。

クシナダヒメといえば、荒ぶる河川への人身《ひとみ》御供《ごくう》としての役割を担っていたと考えられているが、これが稲田の擬人化ではないかというのだ。漢字で「櫛名田比売」と表記することが多いが、『日本書紀』での表記は「奇稲田姫」。スサノオがクシナダヒメを助けるのは、河川の氾濫で被害を受ける稲田を守ることを意味しているかもしれないのである。

32 【日本神話の謎】娘を生贄に差し出す風習が本当にあった？

スサノオの活躍により、クシナダヒメは生贄《いけにえ》としてヤマタノオロチに食われることなく、命を取り留めた。大きな災害があったり、未曾有《みぞう》の事件があると、その共同体から生贄を差し出すのは、古い話にはつきものだろう。では、この風習が日本で実際にあったのかといえば、イエスである。

農耕民族だった古代日本人にとって、山や河川といった自然は恵みを与えてくれるものであると同時に、自分たちの命を奪いかねない存在だった。そのため、そこに神を見出し、「お供え物」を差し出すことで、災いを起こさないようにしてもらっていたわけだ。

「お供え物」には、大きく分けて2つある。人や動物などの生き物と、餅や酒など生き物ではないものだ。（174ページ参照）

古代の日本では、人を生贄にする風習はほとんどなかったと考えられている。とはいえまったくなかったというのではなく、慣習としては行われなかったというだけで、近畿地方を中心として、各地に人身御供《ひとみごくう》の記録は残っている。

ただし、生き物であれば人の代わりに、猪や鹿、魚などを捧げることのほうが多かった。特に牛が多かったそうだ。

なお、諸外国と比較したとき、日本の人身御供は水に関係していることが1つの特徴として挙げられる。

ヤマタノオロチの話もその1つだし、ヤマトタケルの東征の際に、后の弟橘比売《おとたちばなひめ》が荒ぶる海を鎮めるため入水したのも、海神への人身御供といえる。

現在の大阪府門真市にある茨田堤《まんだのつつみ》の説話でも河川の氾濫や高潮を抑えるため、少女が人柱にされたと『日本書紀』にある。

周りを海や山や川に囲まれた日本ならではの特徴だといえるだろう。

海を鎮めるため自ら身を投げ打つ弟橘比売（『前賢故実』菊池容斎・画）

33【日本神話の謎】草薙の剣は出雲でつくられたもの？

「草薙《くさなぎ》の剣《つるぎ》」といえば、三種の神器の1つであり、ヤマトタケルが東征の際に用いたとして名高い剣である。現在は愛知県の熱田神宮《あつたじんぐう》に保管されているが、草薙の剣はもともと出雲でつくられたということを、ご存知だろうか？

先述したヤマタノオロチ退治では、その結末に草薙の剣が登場する。ヤマタノオロチを酒で酔わせ、スサノオが十拳剣《とつかのつるぎ》でオロチを切り裂いた後のことだ。肥の河の流れは、オロチの血で真っ赤に染まった。そして、オロチの尾を切ったとき、剣の刃が欠けたので見てみると、そこに「都牟刈《つむがり》の太刀」があった。これが、のちの「草薙の剣」である。

ヤマタノオロチの正体の項で述べたので、お気づきの方もいるだろうが、この太刀は製鉄の結果できたものであるとされている。オロチを切って血が流れ水が赤く染まるのは、製鉄をするなかの作業で起こりうることである。

さて、それではこの草薙の剣はその後どうなったのか？

草薙の剣を手に業火の中にたたずむヤマトタケル（『國史画帖 大和櫻』）。
「草薙」の由来は、ヤマトタケルが目の前の草をなぎ払ったことにある。

オロチの尾から現れた剣をあやしく思ったスサノオは、アマテラスに事情を話してそれを献上した。その後はヤマトタケルの東征の際にアマテラスが天から降ろし、ずっと朝廷の手元に置かれている。見方を変えれば、地方の特産物を朝廷に献上するという、古代によくみられた光景が再現されているといえる。

では、なぜ草薙の剣は、ヤマトタケルに授けられたのか？　それは、草薙の剣が武力の象徴であると同時に、稲穂を刈る鎌の象徴でもあったからだ。

ヤマトタケルは荒地の草を薙ぎ払い、開拓し、そこに稲田をつくって収穫し、有益な土地をつくった。それは敵地を奪い領有地を広げるのと同じくらいの価値があったのだろう。

34
【日本神話の謎】
オオクニヌシに別名が多いのはなぜ？

日本神話の最高神はアマテラスであるが、はるか昔の出雲で最も尊いとされていたのは、出雲建国の立役者であるオオクニヌシであった。

「オオクニヌシ」という呼び名が一般的であるが、他の名に親しみがある人もいるだろう。「大穴牟遅命《おおなむちのみこと》」「葦原色許男命《あしはらしこおのみこと》」「八千矛神《やちほこのかみ》」「宇都志国玉神《うつしくにたまのかみ》」「大国玉神《おおくにたまのかみ》」「大物主命《おおものぬしのみこと》」という6つの異名があり、その数は、アマテラスをも超える。なぜこんなに多くの別名がオオクニヌシにはあるのだろうか？

その理由として、2つの説が考えられている。1つは神格が高いほど異名が多くなるという説、もう1つは、さまざまな神話における呼び方を1つに統一したという説である。

神格の高さでいえば、国つ神であるオオクニヌシの方が天つ神であるアマテラスより低いのでは、という疑問がわくが、国つ神の位が低いというのは、後世の人間がつくり上げた序列に基づいている。そうした序列ができる以前、神々の集う出雲を治めるオオクニヌ

■オオクニヌシの異名

異名	意味
大穴牟遅命《おおなむちのみこと》	不明
葦原色許男命《あしはらしこおのみこと》	葦原中国の醜い男の意
八千矛神《やちほこのかみ》	多くの矛を持つ神の意
宇都志国玉神《うつしくにたまのかみ》	現実の国土の神霊の意
大国玉神《おおくにたまのかみ》	上記と同意。人が住む土地を守る魂の意
大物主命《おおものぬしのみこと》	大神神社の神。地方で強く信仰されたことが共通し、次第にオオクニヌシと同一視された

シは、位が高く、尊い神だったのである。

それに出雲を代表する神ならば、複数の地域に異なる神話が根付いていても不思議ではない。オオクニヌシを指す名前が増えていったのは、そのためだろう。『古事記』の編纂にあたり、その複数ある呼び名が統一されたと考えられる。

なお、別名が多く、それぞれの名前に意味があるため、オオクニヌシは多様な役割をもつ。「八千矛神」とは武力を表し、武神として祀られた。「大国」が「だいこく」とも読めることから、仏教と習合して大黒天ともされている。

また、オオクニヌシは妻子が非常に多いことでも知られ、子の数は180柱といわれる。現在、縁結びの神としても祀られているのは、こうした子沢山の逸話に由来しているのだ。

35 【日本神話の謎】因幡のシロウサギが騙したのは〝ワニ〟？

「因幡《いなば》のシロウサギ」といえば、『古事記』由来の童話の中でも、知名度の高い話だろう。同名の製菓もあるそうだ。そのあらすじは以下のとおりである。

隠岐の島から因幡（鳥取県）へ行きたかったシロウサギは、海を渡るためサメの一族に、「君たちの数を数えてあげよう」と嘘をついた。しかし、一列に並んだサメの背中を渡って向こう岸まであとわずかというところで、騙したことがばれてしまう。その結果、シロウサギはサメに毛皮をはがされてしまった。

やはりサメを怒らせると怖い、と思わせるエピソードだが、このサメが、魚のサメとは違う生き物だったかもしれないという話を、聞いたことがあるだろうか？

『古事記』の中には、この生き物が「わに」であると書かれている。わにというと爬虫類を思い浮かべるが、それは亜熱帯を中心に生息する生物であるため、日本にいたとは考えられない。そこで別の生き物だろうということで、今でいうところの「サメ」だと考えられるようになった。話によっては「ワニザメ」とされることもある。

なぜわにがサメになるのか？　わにというのは古語であり、昔はサメを指して「わに」といっていた。現在もこの言葉遣いは残っており、広島県三次《みよし》市などでは、サメの肉を使った「ワニ料理」が親しまれている。サメの肉は腐りにくいので、山間部で重宝されてきたのだ。

とはいうものの、この「わに」＝サメと解釈するのは尚早であるとする説もある。大分県で小型のヨウスコウワニの化石が発掘されており、当時は日本にもワニが実在したことも考えられるからだ。

「わに」の頭を伝って海を渡るシロウサギ
（『神代正語常磐草』）

また、もう少し細長いウミヘビとする説もあるが、いずれにせよ、シロウサギの毛皮を剥ぐほどの獰猛な生き物だったということだろう。

ちなみに、「シロウサギ」は毛色が白いわけではなく、毛皮を剥かれ、素の姿になった「素兎」の意である。

36 【日本神話の謎】八十神はオオクニヌシの引き立て役だった？

出雲を治めたオオクニヌシには、大勢の兄がいた。あまりに多かったので、まとめて八十神《やそがみ》と呼ばれる。オオクニヌシの兄ならさぞ位が高いのだろうと思いきや、『古事記』における扱いは、以下に記すとおり、決して恵まれているとは言えないものだった。

八十神は、因幡の八上比売《やがみひめ》（以下ヤガミヒメ）を嫁に迎えようと、因幡へ向かった。そのとき荷物持ちなどの雑用役として、若き日のオオクニヌシを連れて行った。

ヤガミヒメのもとにたどり着いた一行だが、ヤガミヒメは八十神ではなくオオクニヌシに嫁ぐと宣言する。これに怒った八十神は、オオクニヌシを消すことにした。燃える大岩をオオクニヌシの上に落としたり、大樹の割れ目に挟んだりして殺してしまうのである。

しかし、オオクニヌシは二度殺されても母神によって蘇生させられた。そして、このままでは危ないと考えた母神によってスサノオのいる根之国に送られると、オオクニヌシはそこで新たな力を得て、地上に戻り、八十神を撃退するのである。

このように、兄であるにもかかわらず、八十神にはいいところがない。嫁ももらえず、最後にはオオクニヌシによって退けられる。そもそも、個々に名前すら与えられていない。まるでオオクニヌシの引き立て役のようである。

どうしてこのようなことになるのだろうか？　八十神には気の毒だが、この話はあくまで、オオクニヌシが出雲を建国するまでの過程でしかなく、一連の話を簡略化したものと考えられる。根之国から戻った後の話の中心は出雲建国なので、八十神撃退についても記述はたった一行だ。

落ちてくる岩を受け止めようとするオオクニヌシ。傍らには、八十神のものであろう荷物が置かれている。（『神代正語常磐草』）

『古事記』編纂以前の日本では、家督を末の弟が継ぐという末子相続が行われていた。

八十神も一応スサノオの子孫であるが、末弟であったオオクニヌシがスサノオの後を継ぎ、葦原中国を治めることになったのだ。

37 【日本神話の謎】スサノオが住む根之堅州国はどこにある？

スサノオはクシナダヒメと結婚して子どもを授かると、葦原中国から根之堅州国《ねのかたすくに》（根之《ねの》国《くに》）に移住した。根之国は黄泉国《よみのくに》と同義であり、死者の国を意味する。この根之国はどこにあるのだろうか？

すでにある程度述べたが、死者の国への道は、出雲の黄泉比良坂《よもつひらさか》にあると『古事記』に記されている。

ところが、『出雲国風土記』によると、出雲郡の宇賀郷《うか》に、「黄泉の坂、黄泉の穴」と呼ばれる場所があるのだそうだ。

そこは現在の島根県出雲市猪目町《いのめ》にある、猪目洞窟とされる。『出雲国風土記』において、「出雲郡の北の磯に脳の磯《なぎつ》と称されるところがあり、そこの窟戸《いわと》に穴があり、夢にこの窟のほとりに来るものは必ず死ぬ」と伝えられていた。そこで、「黄泉の坂、黄泉の穴」と呼ばれるようになったという。

イザナミが死後に葬られた場所も、出雲と伯耆《ほうき》の境の比婆《ひば》の山（現在の島根県安来《やすぎ》市）だとされている。このように、出雲と「死」は深い関わりがあった。

「黄泉の穴・黄泉の坂」と呼ばれる猪目洞窟。縄文〜古墳時代にかけての埋葬や生活を物語る各種の遺物が発見されている。

また、死者の国を指す「根之国」という言葉は、死者の国が地下にあることと、植物の根が地下深く大地にはることが由来になっているという。死者を地下に葬るのも関係があるのだろう。

よって、スサノオが住む根之国は、出雲の地下深くに存在しており、その出入り口が、出雲の各地にあったと考えられているのである。

ちなみに、出雲大社の北にある日御碕《ひのみさき》神社には、アマテラスを祀る「日沈宮《ひしずみのみや》」という社殿がある。同じくアマテラスを主祭神とする伊勢神宮は、日の昇る位置にあり、出雲と対をなす。伊勢を〝陽〟とするなら、出雲を〝陰〟とし、死と関連付けたと考えることもできるだろう。

38
【日本神話の謎】
オオクニヌシは高天原の使者をどう騙した？

出雲の統治者となったオオクニヌシだが、それを快く思わない者がいた。アマテラス、タカミムスヒをはじめとする、天つ神たちである。彼らは葦原中国も天つ神が治めるべきだと考え、出雲のオオクニヌシに使者を送ることにした。

ところが、使者はことごとくオオクニヌシに懐柔され、葦原中国平定という使命を果たさなかった。オオクニヌシはどのようにして高天原の使者たちを取りこんだのだろうか？

はじめに天菩比神《あめのほひのかみ》（以下アメノホヒ）が遣わされたが、オオクニヌシにへつらい従って、3年間何の報告もしなかった。

次に派遣された天若日子《あめのわかひこ》（以下アメノワカヒコ）は、オオクニヌシの娘である下照比売《したてるひめ》と結婚し、これまた8年間も音沙汰がなかった。

このように、『古事記』には、オオクニヌシが天つ神をどのように懐柔したかについて、直接の描写は見られない。『古事記』が朝廷側の者によって書かれているため、その方法は与り知らぬところにあるということなのだろうか。

いずれにしても、この一件によって、オオクニヌシが優れたカリスマ性の持ち主だったのだろうと想像がつく。だが、オオクニヌシのカリスマ性に注目するのではなく、アメノホヒ、アメノワカヒコともに、オオクニヌシの後継者としての地位を狙ったとする説もあるのだ。

高天原からの使いの雉を弓で射殺すアメノワカヒコ（左）（『地神五代記』十返舎一九）

そう考えると、オオクニヌシがその座をちらつかせて2柱を懐柔したとも考えられるだろう。アメノワカヒコに自分の娘を嫁がせたのも、策略の一環だったのかもしれない。

ちなみにアメノホヒは、アマテラスとスサノオの誓約によって生まれたアマテラスの子である。そして、現在出雲大社の宮司を務める千家《せんげ》氏の祖神であるとされている。

39 【日本神話の謎】諏訪大社はなぜ破壊されなかったのか？

長野県諏訪湖《すわこ》の周りにある諏訪大社には、オオクニヌシの子である建御名方神《たけみなかたのかみ》（以下タケミナカタ）が祀られている。その由来は以下のとおりである。

国譲りの中で、葦原中国の支配権を賭けて、天つ神・建御雷神《たけみかづちのかみ》（以下タケミカヅチ）とタケミナカタによる力比べが行われた。

タケミナカタは怪力が自慢の神だったが、タケミカヅチは自分の手を氷柱や剣の刃に変えてタケミナカタの手を逆につかみ、若い葦の芽を摘むようにひねりつぶして放り投げた。それに恐れをなしたタケミナカタは、科野国《しなののくに》の州羽海《すわのうみ》まで逃げ去り、そこで降伏したという。

このときタケミナカタが逃げたのが、長野県諏訪湖だとされる。降伏する際に「私はもうこの地から出ない」とタケミカヅチに告げ、諏訪大社の祭神となったのだ。

しかし、オオクニヌシの子が祀られているとあれば、諏訪大社は中央政権からすると敵にあたるはずだ。破壊されてもおかしくないが、なぜそうならなかったのだろう？

海外の他民族同士の戦いでは、敗者を皆殺しにしたり奴隷にしたりするが、日本国内においては、派閥は違えど同一民族間でのそのような行為は極力避けられていたと考えられる。古代の日本では、服従さえすれば、命まではとらないという考え方があったのだろう。

ただし、その場合は服従の証として、領地を差し出すことが多かった。国譲りはその服従の証なのである。

鯰を退治するタケミカヅチの絵。「鯰絵」と呼ばれるもので、地震を引き起こす鯰を退治する人と、それを止めようとする商人が描かれる。

諏訪大社は壊されるどころか、中世に入るとタケミナカタを武神と崇め、武士を中心に厚く信仰されたという。タケミナカタは敗者なので不思議に思うが、「強力な敵に立ち向かった勇気」が評価されたそうだ。その信仰は現在も続いている。

40 【日本神話の謎】オオクニヌシはなぜ抵抗せず国を譲った？

国譲りは『古事記』の中でも重要な場面であるはずなのだが、オオクニヌシ自身による抵抗はほとんど見られず、あっけなく国譲りが行われた。

八十神の迫害にもスサノオの試練にも耐え、一度は出雲の統治者となったオオクニヌシが、「私は子どもたちの判断に従う」という。

なぜ、それまでの使者にしたようにタケミカヅチを懐柔せず、国譲りをしたのだろうか？　味方にできない理由でもあったのだろうか？

実は、タケミカヅチが降り立ったときのオオクニヌシは、それまでのオオクニヌシとは別人だという説がある。これは、オオクニヌシの替え玉がいたというのではなく、歴史のうえで出雲の統治者が変わったことを反映しているという説だ。

「出雲を治めるオオクニヌシ」というのは、『古事記』における、地方統治者のモチーフのようなものである。現実の世界では出雲の統治者が代替わりしていき、アメノホヒやアメノ

ひざまずき降伏するタケミナカタ（中央）と高天原の使者タケミカヅチ（右）（『神代正語常磐草』）

ワカヒコにあたる中央政権からの刺客が来たときとは、違う首長になっていた可能性がある。

それにより、中央政権に対して以前のような強気な姿勢をとれず、支配権を譲ってしまったのではないだろうか。

また、この場面では、皇室の祖先であるアマテラスが、地方神であるオオクニヌシよりも上位にあることを主張する目的があったとされている。

そのため、「オオクニヌシがアマテラスに国を譲る」という構図が必要になり、多少強引な国譲りの話になったと考えることもできるだろう。

他にも、純粋に朝廷の力があまりに大きかったため、必要以上の抵抗をせず穏便にすませようとしたのではないかとも考えられる。

41 【日本神話の謎】アマテラスに決定権はなかった？

日本神話の最高神であり、太陽神であるアマテラス。天つ神の中でも最高位にあるとされており、イザナギ以後は『古事記』の中心になってさまざまな神に命令をくだしている。ところが、実はその命令はアマテラス自身がくだしているのではないのだ。

アマテラスの背後には、常にある1柱の神がついていた。天地開闢《かいびゃく》のとき、初めに現れた「造化三神」のうちの1柱、高御産巣日神《たかみむすひのかみ》（以下タカミムスヒ）である。造化三神は現れたと同時に身を隠したはずなのだが、重大な決断を下すときには、必ずこのタカミムスヒが表舞台に姿を現しているのだ。

オオクニヌシが出雲を建国した後のことである。これを疎ましく思った高天原の神々は、葦原中国を平定するために天つ神を送りこむことにした。そこで誰を送るべきかという話になったとき、アマテラスは他の神々も集めた会議には参加しているが、実際に決断をくだしたのはタカミムスヒであった。

『古事記』本文を見ても、会議の最中、アマテラスがしゃべったことといえば、一度目の刺客が失敗したあとに行った会議での、「次は誰を葦原中国に送ろうか」という一言だけである。一応タカミムスヒと同列に描かれているものの、非常に存在感が薄い。

オオクニヌシに刺客を送る際の高天原での話し合い風景。タカミムスヒ（奥）、アマテラス（右）、他八百万の神々。（『地神五代記』より　十返舎一九・画）

　葦原中国平定と、その後の天孫降臨は、天つ神にとって重要な出来事だったはずだ。このような重要な場面で、ことごとくタカミムスヒが現れる。

　葦原中国を治めるために降りたニニギは、アマテラスの孫であると同時に、タカミムスヒの孫であった。さらに、その後、神武天皇のもとに八咫烏《やたがらす》を遣わしたのもタカミムスヒである。高天原の実権を握っていたのは、アマテラスではなくタカミムスヒだったと考えられる。

42 【日本神話の謎】アマテラスの子より孫が権力を持っていた？

オオクニヌシから葦原中国の支配権を譲り受け、いよいよ天つ神が統治のために地上に降り立つことになった。アマテラスとタカミムスヒがその役に命じたのは、アマテラスの子である天之忍穂耳命《あめのおしほみみのみこと》（以下アメノオシホミミ）だった。

ところが、アメノオシホミミは地上に降りる準備をしているうちに、子を授かった。そこで、その子を代わりに降りさせることになった。それが、ニニギである。生まれて間もないニニギを、地上の統治者に選んだのだ。天つ神・アマテラスの孫が降りたつ、「天孫《てんそん》降臨《こうりん》」である。

とはいえ、いくらタイミングが合ったとはいえ、なぜ子のアメノオシホミミではなく、孫のニニギが選ばれたのだろうか？　それには、アマテラス付近の血統が関係している。

アメノオシホミミは男神だった。妻は万幡豊秋津師比売命《よろづはたとよあきづしひめのみこと》といい、彼女はタカミムスヒの娘だった。つまり、ニニギはタカミムスヒの孫でもあったのだ。

■ アマテラスから初代・神武天皇まで

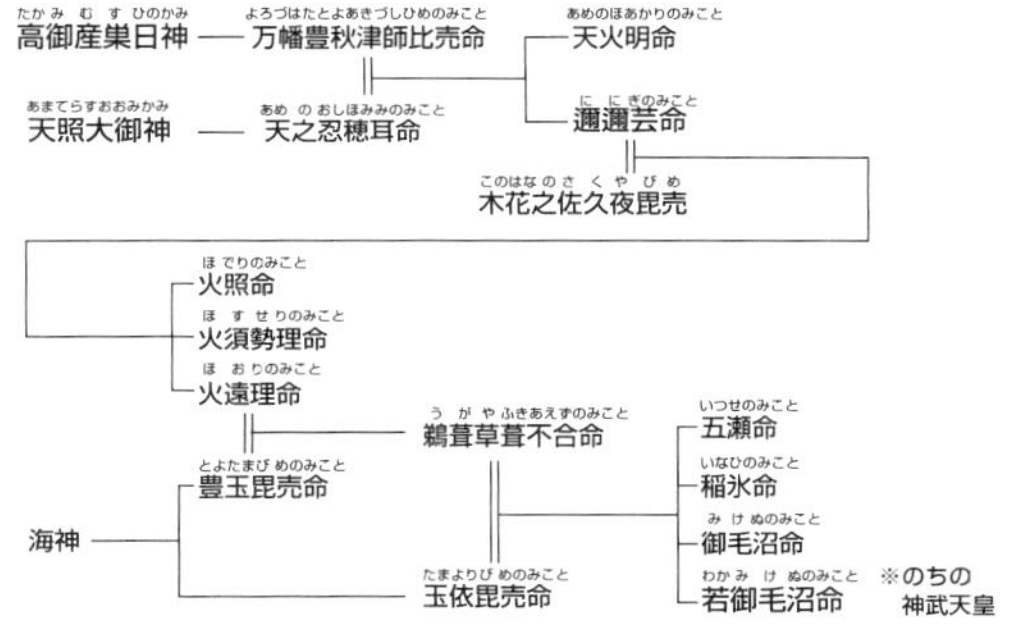

ここでもタカミムスヒの権力の強さを垣間見ることができる。アメノオシホミミはアマテラスの子であるが、彼はスサノオとの誓約《うけい》のときに生まれた5男神のうちの1柱である。

アマテラスの持ち物から生まれた神と、造化三神の1柱の血をひく神であれば、どちらの方がより正統かは想像がつくだろう。

『古事記』編纂を命じた天武天皇の次代が、子ではなく孫の文武天皇に決まったことを仄めかしているとする説もあるが、ここではタカミムスヒの存在の大きさを示していると考えてよい。

タカミムスヒは、ニニギからすれば母方の祖父にあたる。母方の祖父が強い力を持つ外戚政治は、古代から使われた手法だといえる。

43

【日本神話の謎】

ニニギはなぜ高千穂に降り立ったのか？

天孫降臨の地に選ばれたのは、「筑紫の日向《ひむか》の高千穂《たかちほ》」であった。ここは現在の宮崎県高千穂とも、宮崎県と鹿児島県の県境にある霧島山ともいわれているが、その場所は定かではない。

直接大和に降り立てばいいものを、ニニギは、なぜ高千穂に降り立ったのだろうか？確たることはわかっていないものの、興味深い説がいくつか唱えられている。

『古事記』本文の、天孫降臨の場面には次のようなニニギの従者の言葉がある。「ここは韓国《からくに》に近く、笠沙《かささ》の岬を正面に見て、朝日がまっすぐさし、夕日が照らす国である。とても良い地だ」

降り立つ場所に選んだ高千穂は、日の当たる場所だから良い地だといっている。昔は太陽への信仰心から、「日の出る地」「日の当たる地」は聖なる地とされたようだ。「日向」という地名も、「日に向かう地」が由来だとされる。そこで、東側が海に面した日向の地

天孫降臨の図。行く手を塞ぐサルタビコ（左）と交渉するアメノウズメ（中央）。（『神代正語常磐草』）

が選ばれたと考えられる。

そんな場所は他にもあるのではと思う人もいるだろう。そこで、ニニギの従者の言葉に出た、「韓国に近く」というのが重要なのだ。この「韓国」とは、架空の国ではなく、朝鮮半島とみなしてよい。

このことから、当時の朝廷は朝鮮との密接なつながりを求めたため、九州地方にあったのではないかといわれている。あるいは、当時の権力者のなかに、朝鮮から渡来してきた人物がいた可能性もある。

『古事記』編纂時には、すでに朝廷が朝鮮との関係を持っていたことは間違いない。朝鮮との関係をふまえ、『古事記』に「韓国」の名を出したと考えることもできるのだ。

44 【日本神話の謎】富士山の祭神になった絶世の美女神とは？

古来、山への信仰が厚かった日本人は、かの富士山への信仰も厚かった。その富士山の頂にある、浅間《せんげん》神社奥宮の祭神となったのが、ニニギの妻である木花佐久夜比売《このはなのさくやひめ》（以下サクヤヒメ）だ。

サクヤヒメは、すばらしい美貌の持ち主として名が知れていた。富士山の祭神ではあるが、その出自は南九州、現在の鹿児島県笠沙岬《かささみさき》にある。

そこで高千穂に降り立ったニニギと出会い、2柱は結婚、一夜の契りを交わした。

それから程なくしてサクヤヒメは懐妊したが、たった一夜で身ごもったことを不審に思ったニニギは、「どこかの国つ神の子だろう」といった。

この言葉に怒ったサクヤヒメは、「子が国つ神の子なら無事には生まれず、あなたの子なら無事生まれるでしょう」といい、四方を閉じて火を放った産屋に入り、業火の中で出産した。

こうして3柱の神が無事に生まれた。そのうちの2柱は、有名な海幸彦《うみさちひこ》と山幸彦《やまさちひこ》である。壮絶な出産をしたサクヤヒメは、現在は安産の神としても祀られている。

なぜ富士山の祭神になったのかについては、諸説ある。

1つは、活火山だった富士山の火を制御する霊力を持っていたというものだ。出産のエピソードに由来すると考えられる。

もう1つは、富士山の美しさに見合う神が、サクヤヒメだったというものだ。古代の人は、富士山の火口から立ちのぼる白い煙を、白衣の美女が踊っていると見た。その神秘的で美しい姿とサクヤヒメを重ねたという。

ただ、浅間神社の信仰対象は、あくまで霊峰・富士である。サクヤヒメは富士山の美しさの象徴と考えるべきだろう。

ニニギの妻であり、富士山の祭神であるサクヤヒメ（上）。この像は鹿児島県南さつま市金峰町にある「木花咲耶姫像」。

45 【日本神話の謎】人の寿命はニニギの振る舞いで定められた？

生命には限りがあるものだが、『古事記』の神々は死ぬことはない。なら、神の子孫である天皇家や有力豪族たちは、その血を引き継いでいるから死ぬことはないはずだ。にもかかわらず人が死を迎えるようになったのは、なぜなのだろう？

その原因をつくったのは、ニニギである。ニニギがサクヤヒメと結婚することになったときのことだ。彼女の父親、大山津見神《おおやまつみのかみ》（以下オオヤマツミ）はサクヤヒメの姉にあたる石長比売《いわながひめ》（以下イワナガヒメ）を共に嫁がせることにした。

だが、残念なことにイワナガヒメは醜い女性だった。そのためニニギは、イワナガヒメを送り返し、サクヤヒメだけを娶った。

当然ながら、このニニギの振る舞いを、父であるオオヤマツミは大いに恥じた。しかも、イワナガヒメを娶らせようとしたのには、理由があるという。オオヤマツミは言った。「イワナガヒメを傍に置くことで、御子のお命は何にも耐える石のように永らえることでしょう。サクヤヒメを傍に置くことで、木の花が栄えるように、栄華を極められることでしょう。イワナガヒメを返し、サクヤヒメのみを残すということは、御子のお命は散る花のように儚いものになることでしょう」と。

サクヤヒメ（左）とイワナガヒメ（右）。サクヤヒメの美しさと対照的なイワナガヒメがうまく描かれている。サクヤヒメは名前の通り美しく着飾っているが、イワナガヒメは質素な身形をしている。（名取春仙・画）

こうして、本来は不死であったはずのニニギの一族は、〝死〟を与えられることになった。

この話は、一見するとニニギの態度が酷いとか、姉妹がかわいそうという感想を抱くだろう。

だが、ここには『古事記』における重要な転換期が描かれている。

神から人の時代に変わっていくとき、不死なる存在が死を迎えることになるための話を挿入しなければならなかった。

これはそのためのエピソードなのだ。

46

【日本神話の謎】

三種の神器の由来とは？

「三種の神器《じんぎ》」と聞くと、何を思い浮かべるだろうか？　何か優れたものを3つまとめて「三種の神器」ということもあるが、もともとは天孫降臨の際にアマテラスがニニギに授けた3つの道具を指す。

それが、「天叢雲剣《あめのむらくものつるぎ》（草薙の剣）」「八咫鏡《やたのかがみ》」「八尺瓊勾玉《やさかにのまがたま》」である。天叢雲剣についてはすでに何度か登場したが、他の2つは詳しく知らないという人もいるだろう。

八咫鏡は、アマテラスの天岩戸隠れの場面でつくられ、用いられた。「八咫」とは「大きい」という意味で、それが石鏡か銅鏡か、何製なのかはわかっていない。天孫降臨の際に、ニニギに「私の魂と思って祀りなさい」とアマテラスが告げたことから、重要な意味を持つ道具なのだと考えられる。

八尺瓊勾玉も、同じく天岩戸隠れのときにつくられた。古代より、勾玉は装飾品というよりは、呪術に用いられる道具だった。天岩戸隠れの場面で、どのように使われたかは記されていないが、アメノウズメの舞に用いられたのだろう。

天叢雲剣は、「草薙の剣」という名前の方が親しみがあるだろうか。これはスサノオがヤマタノオロチを倒したときにその尾から現れ、アマテラスに献上されたものだ。三種の神器の中では、天皇家の武力を表すものとされている。

現在、3つはそれぞれ別の場所に保管されている。八咫鏡は伊勢神宮、八尺瓊勾玉は皇居吹上《ふきあげ》御所《ごしょ》の「剣璽《けんじ》の間」、天叢雲剣は熱田神宮にある。

なお、三種の神器は天皇家の儀式に用いられるが、そこで目にするのは「形代《かたしろ》」という、本物に準ずるものだ。

本物は天皇ですら実見することができないため、どのような形なのか、そもそも実在するのかはわかっていない。

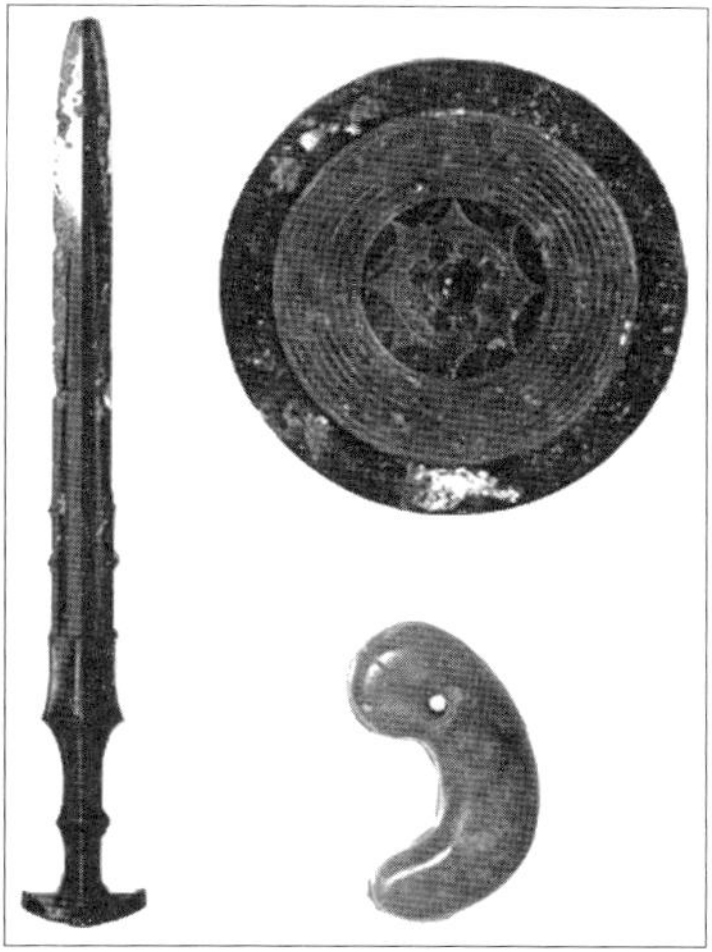
三種の神器のレプリカ（左）。実物がどのようなものなのかは、一切明るみに出ていない。

47 【日本神話の謎】火の神カグツチから水の神が生まれた？

イザナミの死の原因になってしまった迦具土神《かぐつちのかみ》（以下カグツチ）は、父であるイザナギによって、生後まもなく殺されてしまった。かわいそうなことに十拳剣《とつかのつるぎ》で斬られてしまうが、剣についた血液や斬られた身体の部位からは、多くの神が生まれることになる。

剣先についた血が岩に飛び散ったときには岩石の神が生まれ、剣の元についた血からは太陽をたたえた神、そして雷の神であるタケミカヅチが生まれる。

これらの過程で、闇淤加美神《くらおかみのかみ》と闇御津羽神《くらみつはのかみ》が、剣の柄《つか》にたまった血から生まれた。この2柱は、不思議なことに渓谷の水を司る神である。なぜ、火の神であるカグツチから水の神が生まれるのだろう？

剣に付着した血液から生まれたこれらの神々は、刀剣製作の順序を表したものだといわれている。鉄鋼を火で焼き、それを鍛え、形の整った剣を渓谷の聖なる水につける。火の神の血が岩に飛び散る様子は、刀を鍛えるときの火の粉を連想させるようだ。この一連の話は、人が火を手に入れたことで文明がつくられたと同時に、人にとって火は命を奪いかねないものだという教えを含んでいるとも読めるだろう。

なお、スサノオによって殺されてしまったカグツチは、現在は防火の神として祀られている。これは先述した和魂と荒魂が関係していると考えられる。火の神が災いをもたらさぬよう祀ったのだ。

カグツチは十拳剣で斬られ、そのとき剣先についた血が周りの岩に飛び散っている（『神代正語常磐草』）

江戸時代、大火事の被害を受けた江戸の街を火から守るため、カグツチを祭神とする静岡の秋葉神社から分社し、それが今の「秋葉原」の由来になったという話がある。

だが、現在の秋葉原の秋葉神社と静岡の秋葉神社に、直接の関係はないそうだ。

48 【日本神話の謎】出雲建国を助けたカエルとカカシがいた？

オオクニヌシがスサノオの試練を乗り越え、出雲の平定にとりかかりはじめたところへ、1柱の小さな神が海を渡ってきた。そのときは、誰に聞いても正体がわからなかった。すると、多邇具久《たにぐく》（以下タニグク）という神が出てきて「久延毘古《くえびこ》（以下クエビコ）なら知っているかもしれません」と言った。そこでクエビコを呼んで尋ねると、スクナビコナという神だとわかって、物語は進行する。

このタニグクというのはヒキガエルの神で、クエビコは一本足の案山子《かかし》の神である。それまでに登場した神々はなんらかのモチーフとしての神であったが、ここで初めてはっきりとした形をもつ神が登場した。この場面では、ヒキガエルとカカシであることに意味があるという。

タニグクは「谷蟆」や「谷潜」とも表記され、谷間の湿地に住む生物である。そして大きな目を持つことから、あたりをキョロキョロと見回し、いろいろなことを知っていたと考えられていた。

そして案山子の神のクエビコだが、一本足の案山子は神の使いであることを表しているそうだ。民俗学的に、片足や片目の者は神に召された者の姿だという。はっきりと他の人と見た目が異なるのは、一般の人との区別の印なのである。

また、クエビコは天下のあらゆることを知る神の使いでもある。だからこそ、オオクニヌシとスクナビコナをつなぐ役割を任されたのだろう。

オオクニヌシ（右）の手におさまるスクナビコナ（中央）、それを見るクエビコ（左）とタニグク（下）（名取春仙・画）

ちなみにスクナビコナは造化三神の1柱、神《かみ》産《む》巣《す》日神《ひのかみ》の子で、一寸法師のモデルともされる。
天つ神の子が国つ神を助けるというのは不思議だが、中央政権にも地方豪族を支持する派閥があり、支援のために送りこまれたことを表すのではないかと考えられている。

49

【日本神話の謎】

「泣き女」の風習が日本にもあった？

「泣き女」という職業があるのをご存知だろうか？　中国や韓国、台湾などで今も行われている、葬式の際に「泣いてくれる」人々のことだ。

儒教においては、涙を流す人が多いほど、故人の徳が高くなると考えられた。そのため、大きく声をあげて泣く職業が生まれたのだ。ちなみに、報酬に応じて泣き方が変わるらしい。だが、自分たちとは違う文化だとも言い切れない。その風習は日本にもあったと考えられているのである。

その片鱗は、イザナミがカグツチの出産で死んだときのエピソードに見られる。イザナミの死をひどく嘆き悲しんだイザナギは、「私の愛しい妻の命を、たった1人の子に変えてしまったことよ」といい、地べたのあちらこちらを這いつくばって、泣きに泣いた。

そのときに涙から泣澤女神《なきさわめのかみ》（以下ナキサワメ）が生まれた。これは水の神であるともされるが、古代には人の死に際して、「泣き女」のような風習があったことを表しているとも考えられる。

　時代が下るにつれて廃れた風習だが、長崎県壱岐諸島や高知県長岡地方など一部の地域では、昭和初期まで行われていたという記録もある。

　泣き女の慣習は有名な中国・朝鮮のものに限らず、イスラム圏にも同じような慣習があり、葬儀だけでなく婚礼でも泣き女が呼ばれるそうだ。

　現在、このナキサワメは奈良県橿原市の畝尾都《うねおつ》多本《たもと》神社の祭神となっている。万葉集に「哭沢《なきさわ》の神社《もり》に神酒《みき》すえ祈れどもわが大君は高日《たかひ》知らしぬ」という歌が収められており、奈良時代には、少なくともナキサワメに対する信仰があったということだ。

　涙には水と同じく浄化の作用があると考えられていた。ゆえに、古代では泣き女の仕事は重要だった。泣くことが霊への弔いになったのである。

ナキサワメが祀られている畝尾都多本神社。シンプルな造りになっている。

古事記の世界に旅立とう その2

高千穂

天孫降臨の舞台・高千穂《たかちほ》。現在は宮崎県西臼杵郡《にしうすきぐん》高千穂町という名称で、あたりには豊かな自然と『古事記』にまつわる場所がある。

地方由来の神が祀られる高千穂神社も一度は足を運んでおきたいが、ここでは絶景ポイントをご紹介しよう。まずは高千穂峡《たかちほきょう》だ。名勝・天然記念物に指定された渓谷で、付近には日本の滝百選に入った真名井《まない》の滝がある。もう1つは国見ヶ丘《くにみがおか》だ。秋～初冬の早朝に、運が良ければ丘の頂上から見事な雲海が見渡すことができる。

高千穂町から離れた、鹿児島県との県境にある霧島山の霊峰・高千穂峰。登山ルートも整備されているので挑戦してみてはいかがだろうか。

【アクセス】
［高千穂神社］徒歩15分
［高千穂峡］車で5分
［国見ケ丘］車で15分
（右の3つはいずれも高千穂バスセンターから）
［高千穂峰］ＪＲ霧島神宮駅からバスで約1時間

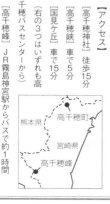

三章　古代天皇の謎

50

【古代天皇の謎】

天皇が統治する歴史はいつはじまったのか？

紀元前660年2月11日、大和（奈良県）の畝火《うねび》（畝傍山《うねびやま》）の白檮原宮《かしはらのみや》で、神の血を引く神武《じんむ》天皇が即位した。これが天皇が統治する歴史のはじまりだとされている。

高千穂（宮崎県）にいたニニギの子孫が、なぜ大和の地で王権を築いたのだろうか？まずはその経緯を見ていこう。

ニニギの子孫・神倭伊波礼琵古命《かむやまといわれびこのみこと》（以下イワレビコ）は、天下のさらなる繁栄を築くのにふさわしい地を夢見て日向の高千穂宮を出発し、東方へ旅に出た。このイワレビコが、のちの神武天皇である。

宇佐《うさ》（大分県）の地をはじめ、各地の国つ神を従えながらイワレビコは旅を続け、瀬戸内海を経てついに国の中心大和の地へ足を踏み入れた。

当初は大和の豪族の抵抗にあって苦戦したが、道案内役の八咫烏《やたがらす》をはじめとした天界からの助けもあって、態勢の立て直しに成功した。

そして、最後の抵抗勢力八十建《やそたける》やナガスネヒコの軍勢にも勝利し、ナガスネヒコの主・饒速日命《にぎはやひのみこと》（以下ニギハヤヒ）も降りてきたことで、大和を平定することができた。

即位の翌年、神武天皇は大和平定に貢献した豪族に役職や領地を与え、国の基盤を固めて善政を敷き、137歳まで生きた。その翌年、畝火山の北東に御陵がつくられ、神武天皇は埋葬されたという。

しかし、即位の年月日や東征の実態など、史実として疑わしい点が少なくない。そのため神武天皇は、天皇の存在を権威づけるための架空の人物であり、実在した可能性は低いと考えられている。

天皇統治について記述された神武東征神話が、史実としてどこまで信用できるのか、どのような意図が読み取れるかは、現在も議論が分かれている。

神武天皇による大和平定を描いた場面。太陽の光が、アマテラスの子孫であることを強調している。（月岡芳年『大日本名将鑑』）

51 【古代天皇の謎】神武東征は創作された神話？

先述したとおり、神武東征神話は、史実として信用するには疑わしい点が多い。

ここでいう神武東征とは、神武天皇を中心とした九州の勢力が、畿内にヤマト政権を築いたとする神話を指す。

しかし、神武東征神話は、ヤマト政権の政治的意図によって、創作された可能性が高いと考えられているのだ。

神武東征の協力者の子孫は、大伴《おおとも》氏、物部《もののべ》氏のような、『古事記』編纂時のヤマト政権の有力豪族が多い。これらの豪族は、672年に起きた壬申《じんしん》の乱（皇位継承を巡る皇室の内乱）で活躍し、天皇に重用されるようになった経緯がある。この乱に勝利した天武天皇によって『古事記』編纂が命じられたことから、神武東征神話は有力者の権威づけのために作られたと考えられるのだ。

では、神話に記される東征が、歴史的事実を反映していると考えることはできるのか？

大和の地に降り立った神武天皇（中央）（安達吟光「神武天皇東征之図」）

考古学の観点から、ヤマト政権が九州一帯を支配した統一国だったと示すことは難しい。そのような九州起源説を証明する史料や遺跡は見つかっていないからだ。

神武天皇が即位したとされる紀元前660年は、縄文～弥生時代にあたる。この時代は、九州にも大和にも、強力な国家はまだ成立していないことが発掘調査によって示されている。そのため、神武東征神話は、天皇家の起源を古くするために描かれたと考えられているのだ。

初期古墳が九州ではなく大和地方から見つかっていること、有力者が大和や中国地方周辺に集中していることからも、東征の事実は疑わしいといえる。

しかし、九州に関する記述が多いこと、古墳の副葬品に類似点があったことなどから、文化的な影響があったことは間違いないだろう。

52 【古代天皇の謎】大和を支配したニギハヤヒの正体は？

ニギハヤヒは、大和の地でイワレビコ（のちの神武天皇）に帰順した神だ。このニギハヤヒの帰順によって、イワレビコの大和征服は完了し、神武天皇による統治がはじまった。その後、ニギハヤヒは子孫共々重用されたというが、一体どのような神なのだろうか？

意外にも、ニギハヤヒは国つ神ではなく、元々は高天原に住んでいた天つ神で、イワレビコと同じアマテラスの血を引いていた。しかも、イワレビコを苦しめた大和のナガスネヒコは、そのニギハヤヒに仕える豪族だった。

高千穂の軍と対峙する中でナガスネヒコは、イワレビコが自身の仕えるニギハヤヒと同じ天孫であることを知って驚き畏《かしこ》まるが、すでに軍勢を整えたからには後には引けないと考え、討伐を決意する。その決定を覆すため、ニギハヤヒは天界から降り、ナガスネヒコに接触したのである。

結局、ナガスネヒコを説き伏せることができなかったニギハヤヒは彼を殺害し、イワレビコに天つ神の御子のしるしを差し出し、忠誠を誓う。

物部尾輿（左）とその息子・物部守屋（右）。ニギハヤヒの子孫・物部氏は、軍事を司る豪族としてヤマト政権で活躍した。（菊池容斎『前賢故実』）

このとき、ニギハヤヒと共に帰順した子孫たちが、ヤマト政権の有力豪族物部氏、穂積《ほづみ》氏などの先祖だと伝えられている。

こうした神話は何を意味するのか？　神武天皇以前に大和の地に降りた神として描かれていることから、物部氏の権威づけのためにつくられたとする説や、実在した王権がモデルになっているとする説があげられている。

実際、古くから物部氏の影響力は大きかった。大阪府交野市《かたのし》にある磐船《いわふね》神社には、アマテラスの詔《みことのり》によりニギハヤヒが降りたとの伝承があり、そのときに乗っていたという巨石がご神体として崇められている。天皇への権力が集中するのは、もう少し先のことである。

53

【古代天皇の謎】

八咫烏の足はなぜ3本あるのか？

神武東征で道案内を務め、大和平定に貢献した八咫烏《やたがらす》は、日本サッカー協会や、陸上自衛隊中央情報隊のロゴマークのように、3本足で描かれることが多い。奈良県のキトラ古墳の壁画をはじめ、法隆寺の玉虫厨子《たまむしのずし》など、古くから日本で親しまれてきた。和歌山県の熊野本大宮社では、現在も神の使いとして神聖視されている。

だが、『古事記』に八咫烏の具体的な姿は記述されていない。では、八咫烏の3本足は何に由来するのだろうか？

八咫烏には、太陽（アマテラス）の化身という性格がある。熊野本宮大社においては、体が太陽、3本の足がそれぞれ天、地、人を表すと考える。その姿は、太陽の下、神と自然と人が共存する世界観を描いているという。

このような性格をもつ3本足の鳥は、マヤやギリシャ、ハンガリー、東南アジア諸国など、世界各地の神話にも登場する。そして、いずれも太陽の象徴として描かれることが多いのだ。

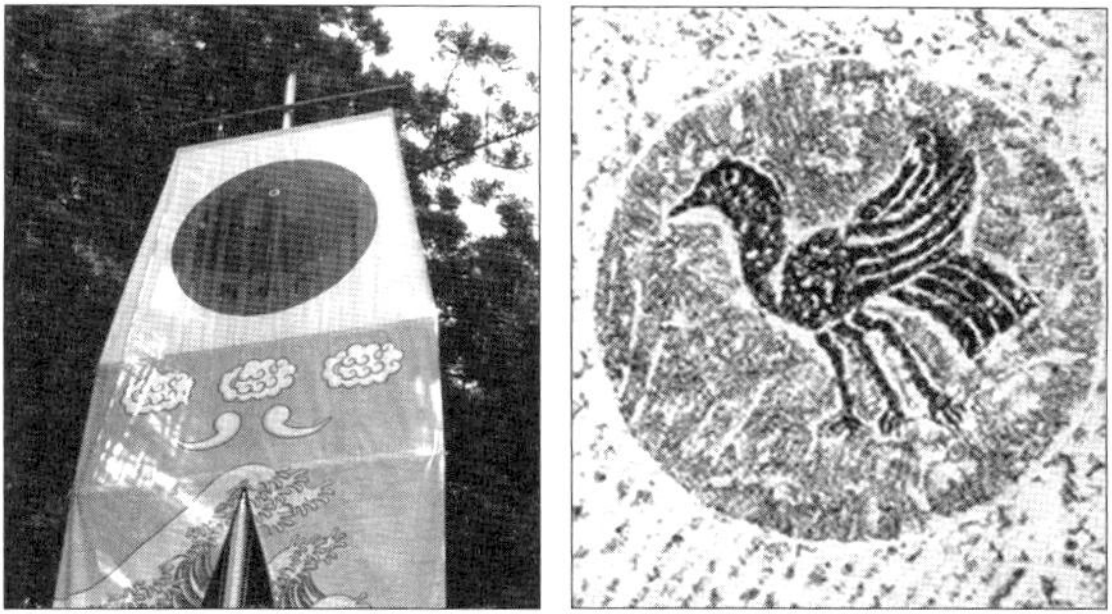

（左）和歌山県熊野本宮大社にある八咫烏の幟（©hirotomo）。八咫烏は神武天皇の道案内を務めたことから、導きの神としても信仰されている。（右）中国神話に登場する三足烏。画像は、漢代の壁画に描かれたもの。

八咫烏も、太陽の象徴である中国の三足烏《さんそくう》の影響を受けたと考えられている。中国の陰陽思想では、奇数は陽（太陽）を表し、吉数として好まれた。その影響からか、10世紀の半ばには、八咫烏を三本足の鳥とみなす書物が登場している。

日本でも、鳥を神の使いとみなす習慣は古くからあった。『日本書紀』に登場する、八咫烏と共に神武天皇を助ける金色のトビがその例だろう。山城（京都府）の有力豪族賀茂《かも》氏も鳥を神の使いとして崇めていた。

また、八咫には「大きく広い」という意味もあり、「八咫の鏡」「八咫の剣」など、大きさや威厳を表す言葉として使われていた。そのような日本と中国の思想が習合して、3本足の太陽の化身として描かれるようになったと考えられる。

54 【古代天皇の謎】ヤマトタケルは暴君だった？

朝廷に抵抗する勢力を次々と制圧した景行《けいこう》天皇の皇子ヤマトタケルは、古くから英雄として親しまれてきた。現代人にも馴染み深い存在だろう。

だが、容赦なく敵を討ち滅ぼす姿はとても英雄には見えない。しかもヤマトタケルは、政治職にもつかず、即位することもなかった。このような英雄の物語はなぜ生まれたのだろうか？　その秘密に迫ってみよう。

小碓命《おうすのみこと》（ヤマトタケルの幼名、以下オウス）は父景行天皇に恐れられていた。食事に顔を見せない兄に業を煮やし、手足をもぎとって薦《こも》（わらなどで作った袋）に入れて投げ捨てたからだ。

オウスのあまりの猛々しさに驚いた景行天皇は、朝廷に従わない九州の熊襲《くまそ》の討伐をオウスに命じ、自身から遠ざけた。

命に従って九州へ向かったオウスは、女装して熊襲に近づき、敵を屈服させることに成功する。熊襲の首領クマソタケル兄弟は、恐れをなして自身の名「タケル」を献上したが、オウスはあっさり止《とど》めを刺した。そして、オウスは武勇を表す「タケル」の名を冠したヤマトタケルを名乗るようになる。

帰り道の出雲でも、木で作った偽の太刀を敵の太刀と交換し、隙を突いて切り殺した。こうした征伐を皮切りに、その後もヤマトタケルは、東国各地を次々と平定していった。

幕末に生まれ、近代洋画を開拓した高橋由一によって描かれたヤマトタケル（高橋由一「日本武尊」東京藝術大学大学美術館所蔵）

激しい気性を持ち、謀《はかりごと》で抵抗勢力を次々に制圧するヤマトタケル。その姿は、ヤマト政権による征服伝承が元になっていると考えられる。つまり、一人の皇子の話ではなく、時代をまたぐ複数の英雄譚がまとめられたというわけだ。各勢力との熾烈な争いがあったからこそ、こうしたエピソードが生まれたのかもしれない。

55

【古代天皇の謎】

英雄ヤマトタケルの最期は？

東国征伐に先立ち、ヤマトタケルは叔母の倭姫命《やまとひめのみこと》から三種の神器の1つ草薙の剣をもらい、強大な力を背景に各地を制圧していった。

しかし、快進撃を続けたヤマトタケルも、英雄らしい神秘的な最期を迎えることになる。

東国を制圧し、自分の力を過信したヤマトタケルは、草薙の剣を妻のもとに置いて、伊吹山（滋賀県と岐阜県にまたがる山）の神の制圧に向かった。

だが、山の麓で出会った神にヤマトタケルはまったく歯が立たない。

神は白い大きな猪の姿で現れた。山の力で天候を操る神は、祟りによってヤマトタケルの気を挫き、連戦連勝を重ねた英雄を山から撃退した。

伊吹山の神に祟られ病身となったヤマトタケルは、大和を目指して旅に出た。だが、疲労困憊《こんぱい》で体がいうことを聞かず、伊勢（三重県）の能褒野《のぼの》の地で力尽きてしまった。そして、山々から見える大和の美しい景色を褒め称え、命を落としてしまう。

標高約 1377 メートルの伊吹山の頂上に建てられたヤマトタケル像

その後、ヤマトタケルの霊は白鳥となって河内（大阪府）の志幾《しき》に留まり、再び大空へ翔けあがっていった。

ヤマトタケルは、草薙の剣を持たなかったため死んでしまった。

つまり、これまでの東国征伐は、ヤマトタケル個人の力ではなく、草薙の剣の霊力のおかげだったといえる。

この草薙の剣の霊力は、奉納されていた伊勢神宮に由来すると考えられる。ここから、ヤマトタケルの最期は伊勢神宮の霊力を示す物語として読み解くことができる。

なお、白鳥は香川県の白鳥《しろとり》神社に降り立ち、命を落とした後、当地で祀られるようになったという。

56 【古代天皇の謎】神功皇后三韓征伐はなぜ描かれたのか？

第14代仲哀《ちゅうあい》天皇の妻神功皇后《じんぐうこうごう》は、朝鮮半島の新羅《しらぎ》、百済《くだら》、高句麗《こうくり》の三国を征伐した人物として『古事記』に描かれている。明治期には紙幣や切手の肖像にもなった女性だ。

しかし、この神功皇后による三韓征伐《さんかんせいばつ》も疑わしい点が多い。そもそも、神功皇后と夫の仲哀天皇の存在自体、怪しいと考えられているのだ。

筑紫《つくし》（福岡県）で新羅討伐神託をうけた神功皇后は、兵を率いて海を渡った。神託を信じなかった仲哀天皇が死んでしまったため、妻の神功皇后が後を継いでいたのである。このとき身ごもっていた子どもが、第15代応神《おうじん》天皇だ。海を渡った日本軍を見た新羅は、戦わずして軍門に降り、日本への朝貢を約束した。新羅を無事平定した神功皇后は、帰国して応神天皇を生み落としたという。

この物語に登場する応神天皇は、両親とは異なり、実在した可能性が高いと考えられている。だが、神功皇后征伐自体が史実として疑わしいことから、応神天皇の出生の箇

神功皇后による朝鮮半島遠征を描いた明治時代の浮世絵（月岡芳年『大日本史略図会』部分）

所は、その出自を飾るための創作である可能性が高い。

こうした神話が描かれたのは、6～7世紀の対外状況も関係している。ヤマト政権は、朝鮮半島の百済とは良好な関係を築いていたが、新羅とは敵対関係にあり、いつ衝突してもおかしくなかった。

また、日本が朝鮮半島に置いた拠点も新羅の支配下に入っていたため、その拠点を奪還しようと、討伐計画があがったこともあった。『古事記』編纂中も、気の抜けない状況下にあったことは間違いない。

こうした緊迫した対外関係が反映され、三韓征伐という、日本の悲願が投影された物語が誕生したと考えられる。

57 【古代天皇の謎】実在した天皇はいつ登場するのか？

これまで見てきたように、神武天皇や仲哀天皇など、『古事記』には実在が疑わしい天皇がかなり多く登場する。しかし、第15代応神天皇以降は、実在した可能性が高い天皇が多くなる。なぜならその存在が、信頼度の高い中国の歴史書によって裏づけられているからだ。

中国やその周辺国家の歴史をまとめた『宋書《そうじょ》』『梁書《りょうしょ》』には、倭《わ》（日本）の五王について記されている箇所がある。そして、それらの王は、日本側の史料に登場する天皇と比定することができるのだ。五王がどの天皇と比定できるかは諸説あるが、第18代反正《はんぜい》天皇以降の4人は、中国側史料に登場する王と一致すると考えられている。

こうした中国側の史料や、熊本県から出土した反正天皇の名前を記した太刀などから、これらの天皇は、5世紀に実在したとみなされている。

また、『古事記』の記述からも天皇の実在性を探究することができる。応神天皇より前

五王の１人・雄略天皇が猪を狩っている場面（安達吟光・画）

は、和風諡号《しごう》（死後贈られる称号）が装飾的で尊称が多い。これは、架空の天皇を飾り立てる役割を果たしているとされる。実際、応神天皇以降に実在したと考えられる天皇にそのような装飾的な諡号は贈られていないのだ。

　では、そのような架空の天皇はなぜ生み出されたのだろうか？　それを知るには、第10代崇《す》神《じん》天皇の存在が重要になる。

　崇神天皇は、祭祀の実行者として詳細に記述された天皇で、実在したと考えられる最初の天皇である。この崇《す》神《じん》天皇（3世紀後半～4世紀初頭か）につながる天皇の系譜を権威づけるため、編纂者は実在しない天皇を生み出し、朝廷の歴史を荘重に飾ってその正当性を主張しようとしたのだと考えられる。

58 【古代天皇の謎】応神天皇は八幡神になった？

応神天皇の死後数百年を経て、宇佐神宮《うさじんぐう》の菱形池《ひしがたいけ》から、3歳の童子が現れ、八幡神《はちまんしん》は応神天皇の権化だと宣言した、という伝説がある。

この話は、宇佐神宮の社伝に見える。社伝が成立した9世紀以降、八幡神は応神天皇の化身とみなされるようになって広く信仰を集め、全国で最も多く祀られる神となった。

だが、死後数百年も経過した応神天皇が、なぜ大和地方から遠く離れた宇佐神宮（大分県）の主神として祀られるようになったのだろうか？

『古事記』には、朝鮮半島の国々と交流を重ね、大陸の最新鋭の技術や文化を取り入れる応神天皇の姿が描かれている。しかし、ここではまだ八幡神とのつながりは記されていない。

八幡神が誕生した宇佐の地は、朝鮮半島と日本をつなぐ要衝で、朝廷からも重視されていた。日本は古くから百済と交流を結ぶ一方、新羅とは緊張が絶えない関係にあったからだ。

また、八幡神は元々、軍神として崇められる一方、国境を守る護国神として受容されていた。749年、聖武天皇が企画した大仏開眼会《だいぶつかいがんえ》の準備のため、巫女に憑依した八幡神が入京し、日本の神代表として、皇室と深く関係を持つようになった。

応神天皇像（『集古十種』）。応神天皇は、日本で2番目に大きい陵墓・誉田御廟山古墳（全長約420メートル）に眠ると考えられている。

そして、このような八幡神への帰依や、新羅との関係悪化は、新しいイデオロギーを生み出した。神話で新羅を征伐したと語られる応神天皇の母・神功皇后への信仰が高揚していき、いつしか神代表の八幡神は、神功皇后と同一視され、対新羅神とみなされるようになったのだ。

応神天皇への信仰は副産物に過ぎなかったが、神官や官僚によって軍神の側面が強調され、軍神＝男神＝応神天皇とみなされるようになったようだ。

59

【古代天皇の謎】

『古事記』下巻の記述が簡素なのはなぜ？

『古事記』下巻は、上中巻に比べて物語性に乏しく、天皇の系譜ばかりで単調だ。第16代仁徳《にんとく》天皇から第33代推古天皇までを記述しているが、24代以降は天皇の事跡や物語などがなくなり、系譜のみが記されている。推古天皇以降の50年以上が記述されていないのも不自然だ。『日本書紀』では、推古天皇以降の第41代持統天皇まで記されているため、史料が不足していたとはいえないだろう。

では、なぜこのような隔たりが生じたのだろうか？　確かなことはわからないが、系譜に関わる問題があったと考えられる。

第29代欽明《きんめい》天皇の頃は、皇位は直系ではなく、傍系に継承されることが多かった。欽明天皇の子どもが即位し、即位した天皇の子どもがまた即位していくのではなく、欽明天皇の子どもたちが順番に皇位を継ぐのが一般的だった。30代から33代天皇も異母兄弟だったが、時代が下った『古事記』編纂時には、傍系への皇位継承は少なくなっていた。

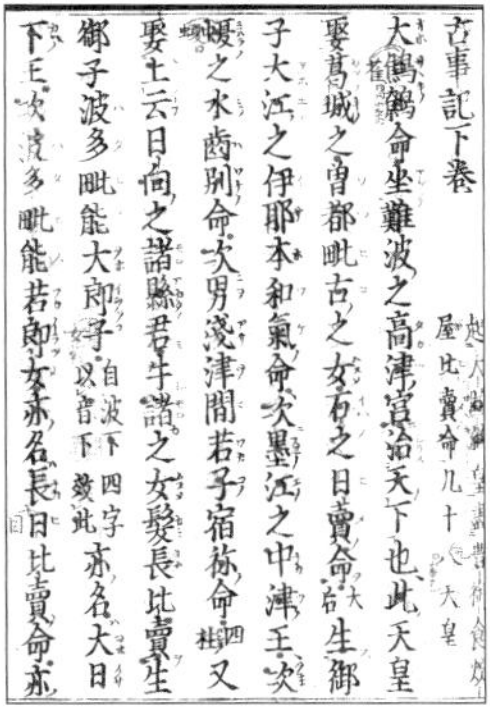
古事記下巻

大雀命坐難波之高津宮治天下也此天皇
娶葛城之曽都毘古之女石之日売命大后生御
子大江之伊耶本和気命次墨江之中津王次
蝮之水歯別命次男浅津間若子宿祢命四柱又
娶上云日向之諸県君牛諸之女髪長比売生
御子波多毘能大郎子自波下四字以音下效此亦名大日
下王次波多毘能若郎女亦名長日比売命亦

『古事記』下巻表紙（左）（國學院大學図書館所蔵）と『古事記』本文（右）（国会図書館所蔵）

こうした事情を考慮すると、『古事記』が天皇の正統性を主張する必要上、傍系の推古天皇たちに関する記述は避けたかったのではないかと推測できる。

下巻の目的は、継体《けいたい》天皇にはじまる皇室の正統性の主張にあったと考える研究者もいる。物語性を排し、単調な歴史の記述に終始することで、読む者に下巻に記された天皇系譜を事実だと認識させようとしたと考える説だ。

この他にも、下巻が朝廷にとって比較的新しい内容であるため詳細な記述が省かれたとする説、編纂者が死去したことで内容が断片的になったとする説、編纂する期間が短かったことを原因にあげる説などがある。

60 【古代天皇の謎】継体天皇は出自が怪しい？

第26代継体《けいたい》天皇には謎が多い。『古事記』の記述は簡素で物語性がなく、人物像を連想しにくい。

だが、継体天皇は、前政権を倒し、新王朝をうちたてたのではないか、といわれているのだ。まずは、『日本書紀』に記された継体天皇即位までの流れを見ていこう。

第25代武烈《ぶれつ》天皇の急逝後、皇位継承問題が起きた。武烈天皇の血を引く後継者がすでにいなかったからだ。そこで白羽の矢が立ったのが、越前（福井県）高向に暮らす応神天皇5世の子孫、男大迹尊《おおどのみこと》だった。この男大迹尊が河内（大阪府）の樟葉宮《くすはのみや》で即位したことで、継体天皇による統治がはじまったという。

だが、継体天皇は先代天皇と血縁が薄い上、即位して大和に入るまで20年もかかっている。『古事記』『日本書紀』では、応神天皇と継体天皇を結ぶ系譜は省略されており、後世の史料もあいまいな点がある。こうした背景から、約20年間の戦争の末、河内の勢力が前政権を倒し、新王朝を樹立したと考える説が提唱されている。真相は藪の中だが、いずれにせよ血統の変化があったことは間違いないだろう。

しかし、継体天皇即位が、何らかの転換点であったとしても、『古事記』編纂時の皇室は、継体天皇に連なる血統であったため、その出自に傷をつけるようなことは書けない。

そうした事情を考慮して、16代から25代までの9代の天皇を傍系と捉え、継体天皇を応神天皇の直系とすることで、血の正統性を獲得し、天皇の権威を高めようとしたと考えられる。

即位後、先帝との血統強化を図るため、継体天皇は、2代前の仁賢天皇の娘手白髪命《たしらかのみこと》を皇后に迎えた。こうして、長く続く皇統が生まれることになる。

福井県福井市の足羽山にある継体天皇像。足羽山は、大和入りする前の継体天皇が住んだという伝承が残る地。（© 立花左近）

61 【古代天皇の謎】暗殺された崇峻天皇とは？

『古事記』は、朝廷支配の正当性を主張するために編纂された書物である。そのため、編纂時に起こった朝廷内の政争や暗殺事件など、支配秩序を脅かすようなことは記述されない。第32代崇峻《すしゅん》天皇暗殺は、そうした姿勢を顕著に表しているといえるだろう。

崇峻天皇について『古事記』では、遷都した宮都、没年日、埋葬地しか記述されていない。だが、崇峻天皇は、歴代天皇の中で唯一、臣下に暗殺されたことが確実視されている人物なのだ。

第31代用明《ようめい》天皇の死後、朝廷内は、対立を深めていた保守派の物部守屋《もののべのもりや》と、改革派の蘇我馬子《そがのうまこ》が、皇位継承問題をきっかけに衝突した。この衝突の結果、物部守屋が担ぐ皇子は殺され、守屋もまもなく滅ぼされた。こうした政争を経て、親戚関係にあった馬子を後ろ盾に崇峻天皇は即位したが、馬子に権力が集中する不安定な政情下では、その治世も、長くは続かなかった。

奈良県桜井市に位置する崇峻天皇陵（©Takanuka）

仏教を受け入れ、四天王寺などの造立に着手するが、実権を握るのは、崇峻天皇ではなく、馬子だった。この状況に不満を抱いた崇峻天皇は、献上された猪を見ながら、猪の首を切るように、私が嫌う者の首を切り落としたい、と発言したという。その発言を聞いた馬子は蜂起を恐れ、崇峻天皇殺害を決意する。

翌月、馬子は崇峻天皇を騙して儀式の場に呼び寄せ、東漢駒《やまとのあやのこま》に暗殺させ、政権内での不動の地位を築いた。ちなみにこの東漢駒は、後に馬子の娘との密通がばれて殺されることになる。

暗殺の当日、天皇は直ちに埋葬され、他天皇のような陵墓はつくられなかった。現在は、奈良県桜井市倉梯岡陵《くらはしのおかのみささぎ》が崇峻陵だと比定されているが、平安時代の史料には、墓が無いと記された唯一の天皇として名前が残っている。

62

【古代天皇の謎】

神武天皇陵には誰が眠っているのか？

116ページで見たように、神武天皇は実在した可能性が低い人物だが、なぜか陵墓は存在している。

神武天皇が即位したとされる畝傍山《うねびやま》の北東約300メートルの地（奈良県橿原市）に、神武天皇陵は位置する。周囲は約100メートルあり、幅約16メートルの濠に囲まれているこの陵墓は、文久3（1863）年に神武陵だと比定され、修理された。

この陵墓決定には、幕末期、水戸国学の影響で、天皇陵の特定作業が盛んになったという背景がある。しかし、現在の地が神武陵だと比定される前、元禄《げんろく》年間に幕府が権威高揚のために行った調査では、別の墓が神武陵とみなされていた。

『延喜式《えんぎしき》』の記述から、平安時代には陵墓は存在していたようだが、朝廷権力が低下した鎌倉時代には、管理もいきとどかなくなり、所在がわからなくなっていた。

幕末期の特定では実地調査も行われていたが、古文書の記録に頼った調査であり、考古学的な根拠に基づいているわけではないため、古代につくられた陵墓であるとは断定できない。

奈良県橿原市にある神武天皇陵。比定後、整備が進められ、1877 年には明治天皇も参詣した。（©KENPEI）

発掘調査ができればどのような人物が眠っているか、より詳細に検証することができるはずだが、宮内庁によって天皇陵の調査が厳しく制限されているため、幕末の指定が未だに続いている。

この指定が正しければ問題はないが、葬祭されている人物の実在が怪しい上、幕末の出土品からも指定が疑わしい点が見つかっている。

文久3年に修理される前の神武陵からは、瓦や秤などの土器類が出土したと落成記念に建てられた石碑に刻まれている。

このことから、神武陵は、陵墓ではなく、丘の上に建てられた寺院跡地であるとも考えられている。

63

【古代天皇の謎】

卑弥呼は『古事記』に登場するのか？

邪馬台国の女王卑弥呼《ひみこ》は、呪術を用いる神秘的な人物だと伝えられている。中国の魏とも交流を持ち、239年（238年説もある）には皇帝から「親魏倭王《しんぎわおう》」の称号も贈られた。だが、『古事記』や『日本書紀』には、卑弥呼の名前が見えないため、国内史料からその存在を証明するのは難しい。それでも卑弥呼を比定しようと、古くからさまざまな説が提唱されてきた。

そのうちの1人が、三韓征伐伝説を残した神功皇后《じんぐうこうごう》だ。『日本書紀』では、卑弥呼を神功皇后に見立てて記述していたため、江戸時代には神功皇后は卑弥呼だと考えられていた。現在は、神功皇后の存在自体が疑わしいことから、そのモデルとなったのが卑弥呼ではないかともいわれている。

他方、江戸時代の国学者本居宣長は、邪馬台国は九州にあると考え、熊襲《くまそ》の女性首長卑弥呼が、自身の勢力を朝廷だと偽って魏と交流したと結論付けた。

近代に入ると、哲学者和辻哲郎が、卑弥呼を太陽神アマテラスだとみなす説を提唱した。九州で太陽神を崇めていた邪馬台国が、近畿に移動し、太陽信仰を持ちこんだとする説だ。

卑弥呼と近い間柄にあった女王が眠っているとされる福岡県にある平原遺跡（©Heartoftheworld）

近年、この説に関連した発見が続いている。長年の発掘調査によって、北九州出土の鏡が、奈良県纒向《まきむく》遺跡群《いせきぐん》から出土した鏡と同型で、より古いものだとわかった。鏡は太陽信仰の象徴であり、伊勢神宮の古文書にも、アマテラスが所持した八咫鏡について記述されている。そして、そこに記された八咫鏡の特徴が、北九州を支配した女王が眠る平原《ひらばる》遺跡（福岡県）から出土した鏡の姿と一致するのだ。

だが、卑弥呼の正体は、いまだ多くの謎に包まれている。発掘調査が更に進めば、神秘に満ちたその正体が明らかになる日もくるのではないだろうか。

64

【古代天皇の謎】

皇暦はいつはじまったのか？

神武天皇が即位した紀元前660年2月11日、この年から天皇統治がはじまり、皇暦《こうれき》（皇紀《こうき》）が生まれたといわれている。

だが、実際に皇暦が用いられるようになるのは、明治になってからだった。それまでは、645年に孝徳《こうとく》天皇によって定められた「大化」にはじまる和暦が用いられており、皇暦という概念は古代律令政府にはなかった（近年は、最初に使われた年号は大化ではなく、701年から始まる「大宝」だという説も支持されている）。

明治6年、太陽暦の採用と共に施行された太政官布告《だじょうかんふこく》（内閣発足前の法律）によって、西暦1873年は紀元（皇暦）2533年となった。また、神武天皇が即位した2月11日を祝って同日は紀元節と定められ、国民の祝日とされた。

しかし、当時からこの布告には反対があったようだ。神武天皇が即位した1月1日を太陽暦に換算すると2月11日になるというが、換算方法は具体的に明かされず、そもそも1

月１日の即位という伝承も信憑性に欠ける。皇暦の根拠は極めてあいまいだったのだ。『古事記』に記されている紀元前６６０年という年代も、中国の讖緯《しんい》説に基づいているとされており、史実を伝えているとは考えにくい。讖緯説とは、古代中国の未来予言説で、辛《しん》酉《ゆう》の年には革命が起きるという考え。さらに、辛酉の年を21回経た１２６０年の年には、大革命が起きると考えられていた。そのため『古事記』編纂者は、推古天皇のときの辛酉の年（６０１年）から逆算して、神武天皇の即位年代を決めたと考えられる。

戦前は、外交文書や条約関係などの公文書に皇暦と元号が用いられたが、国内文書に使われることは稀だった。現在は、皇暦表記が禁止されているわけではないが、周知のとおり、一般的には西暦を使うことが多い。

1932年、大阪・中之島公園に集会し、紀元節を祝って万歳する民衆の様子（写真提供：共同通信社）

古事記の世界に旅立とう その3

淡路近海

　国生み伝説が数多く残る、淡路島。この近海は、『古事記』のあらすじを理解したうえで行けば、よりその地を楽しむことができる。

　淡路島本島の『古事記』ゆかりの地だけでも、伊弉諾《いざなぎ》神宮など10ヶ所近くあるが、温泉を楽しむこともできる。『古事記』ゆかりの地を巡った後は、洲本温泉や南あわじ温泉でくつろぐのもいいだろう。

　淡路島南の沼島には淡路島から船が出ており、島めぐりクルーズもある。家島、友ヶ島はそれぞれが属す市から船が出ているので、そこから島へ渡ることができる。徳島県の飛島には立ち入れないが、近くの鳴門公園から一望できる。

【アクセス】
島へは高速船を利用
[淡路島]
明石港から約13分
[沼島]
土生港から約10分
[家島]
姫路港から約40分
[友ヶ島]
加太港から約30分

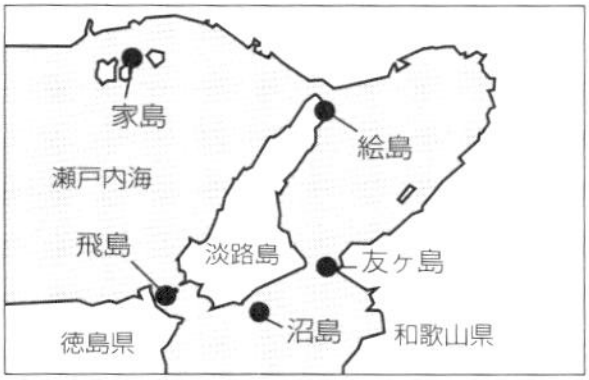

四章　古事記にまつわる神社の謎

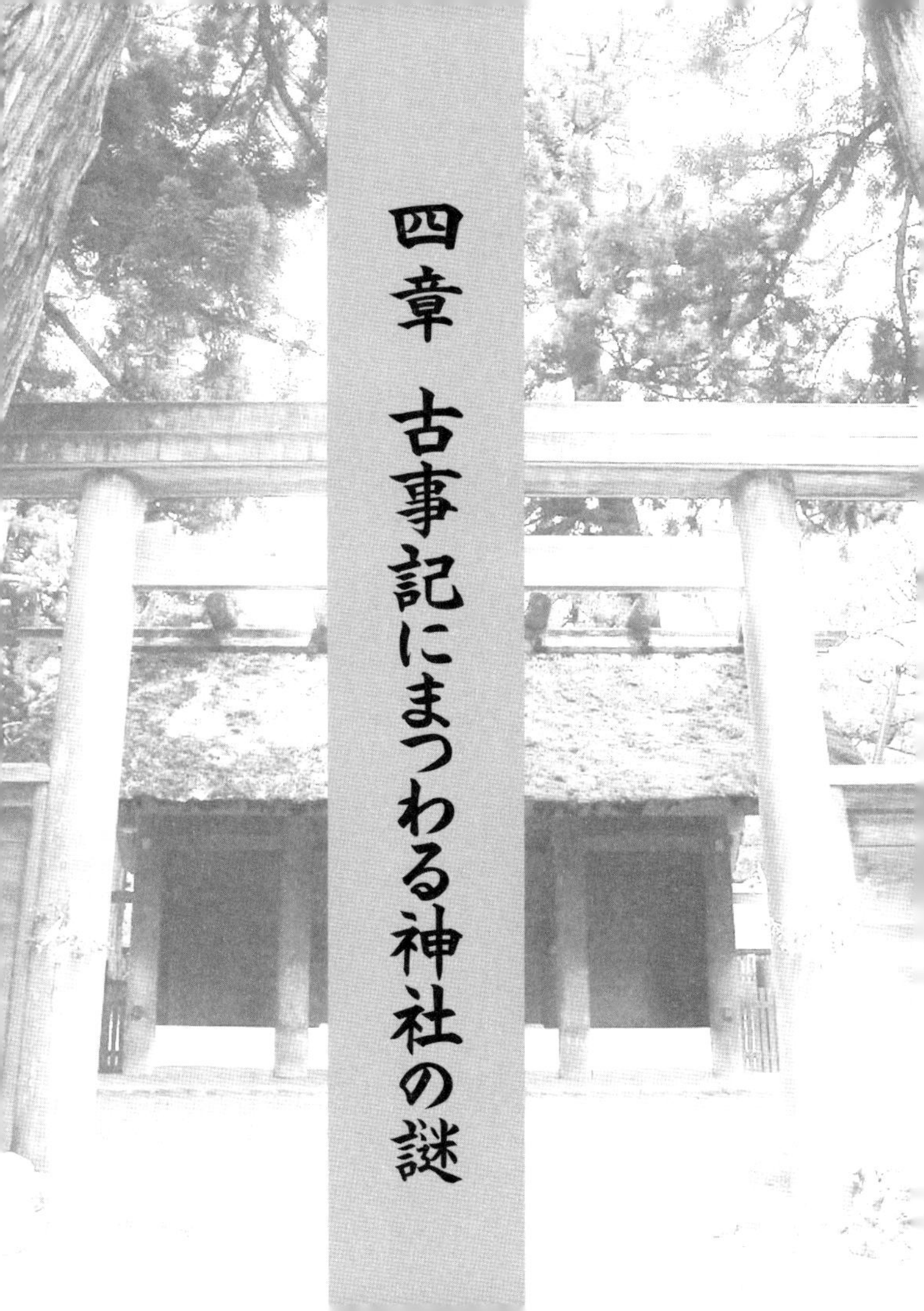

65

【古事記にまつわる神社の謎】

同じ神が各地の神社で祀られているのはなぜ？

日本全国には、8万社近い神社が存在する。アマテラス、スサノオ、八幡神、菅原道真など、多くの神々が大小を問わず日本中の神社で祀られ、民衆の生活に溶けこんでいる。しかし、由来や年代、信仰も異なるはずの神社に、同じ祭神が祀られているのはなぜだろう？

神道は、キリスト教や仏教のような体系的な教えを持たない。元々は、あらゆる自然現象に神が宿ると考える素朴な信仰形態だった。地方の神社は、五穀豊穣を感謝するため、自然現象を神に見立てる民衆信仰の地だったようだ。そのため、社殿もなく、神に具体的な名前がないことも少なくなかった。

だが、奈良時代以降、勧請《かんじょう》によって有名な神は別の地でも祀られるようになり、名もない地方の神は、新しい名前を得て民衆生活の中にそのまま生きることになった。

トラブルの原因にもなりそうな変化だが、民衆にとっては、村や田の鎮守神という性格

千葉県船橋市にある神明神社（©ogajud）

が重要だったため、名前の変化は大きな問題にならなかったと考えられる。

一方、氏神を祀る大規模な神社では、地域色の強い神社とは異なる理由で、多くの神が祀られていた。本社と共に境内に存在する摂社や末社などの小規模な社には、本社と関係がある神の他、現地の地主神が祀られていたため、結果として1つの神社に多くの神が存在することになったのだ。

また、江戸時代、伊勢参りの流行によって農村に治水や開墾の無事を祈るため、アマテラスを祀る神社がつくられたことも、同じ神を祀る神社が増える要因になった。

明治政府によって社格や社殿の整備が進められたが、本来神社は、民衆生活に根ざした信仰の場だったといえるだろう。

66 【古事記にまつわる神社の謎】神社はどのような造りなのか？

各地の神社を見比べると、祭祀や信仰だけでなく、建築様式の違いにも目が向く。そういった神社の建築様式は、大きく分けて3つの様式から派生していった。それが、伊勢神宮を代表とする神明造《しんめいづくり》と、出雲大社を代表とする大社造《たいしゃづくり》、そして住吉大社を代表とする住吉造《すみよしづくり》だ。こうした3つの様式は、どのような特徴を持つのだろうか？

神明造は、弥生時代に穀物を保管するためつくられた高床式倉庫から発展した形態で、明治以前は珍しい様式だった。しかし、江戸時代後半、伊勢参りの流行が転機となって、新田開発を進める農村では、神明造を採用した神社が増えていく。さらに明治以降、アマテラスが各地で合祀されるようになったことで、神明造は全国区となった。ちなみに、伊勢神宮だけは特別に唯一神明造と呼ばれ、他に並ぶもののない純粋な様式として尊ばれている。

２つめの大社造は、古代の住居から発展した様式だ。出雲地方では、古くから独自の祭祀が行われ、祭祀空間には神殿が設けられていた。そうした祭祀神殿がもととなり、大社造が誕生したと考えられる。

屋根が直線的で反りがない住吉造は、天皇即位後の一大儀式大嘗祭のとき使われる建物に似た構造を持っている。シンプルで整然とした印象を与える様式だ。

こうした古来の素朴な建築様式は、仏教寺院の建築様式にも刺激を受けて変化していく。その結果、現在最も多く採用されている神社様式が、神明造から派生した流造だ。上賀茂神社や下鴨神社に代表される様式で、大きな曲線を描く屋根を特徴としている。そうした曲線を駆使した優美で大胆な様子が好まれ、各地に定着していったのだろう。

（上）両国国技館にある神明造の吊り屋根（©Goki）
（下）伏見稲荷大社にある流造の社殿

67 イザナギは三貴子を産んだ後どうなったのか？

【古事記にまつわる神社の謎】

アマテラス・ツクヨミ・スサノオの三貴子を産んだイザナギは、スサノオを天界から追放した後、姿を消した。

出番を終えたイザナギはどこへ去っていったのだろうか？

『古事記』には、イザナギは淡海の地へ向かったと記述されている。その続きには、鎮座した場所が多賀《たが》社だと記されているが、「淡海」が指す地域がどこなのか、明確には記されていない。『古事記』と『日本書紀』を比べても、イザナギが降り立った場所の記述が一致しないいため、どこに鎮座したのか特定するのは難しい。そのため、イザナギが降り立ったとされる場所は2箇所存在する。

そのうちの1つ、近江（滋賀県）に位置する多賀大社は、延命長寿や厄除けの神社として現在も親しまれており、イザナギ降臨の伝承についても、次のような親しみやすい物語が伝わっている。

イザナギは、多賀大社から数キロ離れた杉坂山山頂付近に降り立ち、鎮座する場所を求めて山を降りはじめた。下山中、イザナギは空腹に襲われたが、途上で出会った村人に粟御飯をご馳走してもらったおかげで、無事多賀大社にたどり着くことができたという。

現在、杉坂山には、イザナギが休憩したという調宮《ととのみや》があり、周囲には巨大な杉の木が聳え立っている。

多賀大社で毎年８月３日から５日まで催される万灯祭の様子（©Masabb）

そして、イザナギが降り立ったとされるもう1つの場所が、淡路（兵庫県）にある伊《い》弉《ざ》諾《なぎ》神宮だ。最初に生んだ淡路の地にイザナギが幽宮《かくりのみや》を構え、余生を過ごしたというい われがある。

以前よりは規模が縮小されたものの、どちらの神社も自然豊かで広々とした敷地を有し、夫婦円満や縁結びなど、日本神話になぞらえた信仰が根ざしている。

68 【古事記にまつわる神社の謎】スサノオはなぜ八坂神社の祭神になったのか？

高天原では暴れまわっていたスサノオも、出雲の国を治めるようになってからは落ち着き、娘を連れ去るオオクニヌシにも寛大な態度をとるほど余裕を持つようになっていた。

そんなスサノオを祀るのが、7月の祇園祭《ぎおんまつり》で有名な八坂神社《やさかじんじゃ》だ。島根県出雲市の須佐《すさ》神社や松江市の八重垣《やえがき》神社など、スサノオを主祭神に祀る神社は多いが、八坂神社はそれらの神社とは決定的に異なる。

姉のアマテラスは皇祖神として伊勢神宮を中心に全国で祀られているにもかかわらず、八坂神社では、スサノオは疫病神とみなされているのだ。

これには、中国の疫病伝説が関係している。親切で正直者の蘇民将来《そみんしょうらい》が、旅人に扮した疫病神を助けたおかげで蔓延する疫病を防いだという伝説が、日本の疫病神形成に影響したのだ。

荒ぶる疫病神でも、丁重にもてなせば疫病を防ぐ神となる。この徘徊する荒神は名前を武塔神《むとうしん》といい、スサノオの性格と非常に似ていた。その性格の一致によって、スサノオはこの疫病神と同一の神とみなされるようになっていく。最終的には新羅国の疫病神牛頭天《ごずてん》王《のう》とも習合して、災いをもたらす神だとみなされるようになった。

ちょうどその頃、都では疫病が蔓延し、何者かの祟りではないかと朝廷は不安に陥っていた。そのため、疫病を収束させようと朝廷は御霊会《ごりょうえ》を催し、疫病神を鎮める儀式を盛んに行った。

祇園祭は、八坂神社が主催した御霊会であり、疫病をもたらす霊を鎮めることを目的としている。鎮魂対象となったのが、牛頭天王、つまりスサノオだ。

祇園祭の山鉾巡行。長刀鉾と呼ばれる写真の山鉾は、全長約25メートルを誇る。（©Takeshi Kuboki）

だが、疫病神だからといってスサノオは迫害されるわけではない。手厚くもてなし、疫病から守ってもらうため、祇園祭は行われているのだ。

69

【古事記にまつわる神社の謎】

出雲大社はなぜつくられた？

平安時代後期、出雲大社の本殿は「天下無双の大廈《たいか》（大きな建物）」と称えられるほどの豪壮な姿を誇り、祭神のオオクニヌシは「国中第一の霊神」として信仰を集めていた。平安時代前期の様相は不明だが、10世紀後半の史料によれば、高さ約46メートルの東大寺大仏を超える神殿だったという。

天皇家の祖・天つ神に服従したはずの国つ神オオクニヌシを祀る神社が、なぜこれほどまでの規模を持っていたのだろうか？

『古事記』には、オオクニヌシが天つ神に国を譲る代わりに巨大な神殿を与えられたと記されている。一方『日本書紀』には、６５９年、第37代斉明《さいめい》天皇によって、出雲大社造立の命が下されたとの記録が見える。出雲大社成立に関する初出記事だ。

だが、それ以前にも出雲大社が建つ地には、何らかの信仰が根づいていたと考えられている。

近年の発掘調査によって、4世紀ごろには出雲大社で祭祀が行われていたことがわかった。しかも、境内の別の場所からは、7世紀ごろの祭祀用土器も発掘されており、継続的に祭祀が行われていたことを示唆している。

出雲大社本殿。2013年5月、5年間の本殿改修作業を終え、仮殿から祭神を遷座する「平成の大遷宮」が行われた。（©Oonamochi）

大規模な祭祀を実施した出雲大社の勢力は、ヤマト政権も無視できない強大な力を持っていたと考えられる。『古事記』には、第11代垂仁天皇の皇子本牟智和気《ほむちわけ》が、出雲大神の祭りを忘れていたため口がきけなくなり、神殿の造営によって祟りから開放されたという記述まである。

ヤマト政権の勢力基盤が固まるにつれて、出雲大社もその勢力内で重要な意味を持つようになった。そして、『古事記』編纂を命じた天武天皇の時代には、出雲大社は霊的な力を備えた守護神だとみなされるようになったと考えられている。

70 【古事記にまつわる神社の謎】出雲大社はどのような姿だったのか？

創建当時の出雲大社の姿を伝える史料は、残念ながら見つかっていない。だが、10世紀後半以降、出雲大社に関する史料が増え、現在とは異なる巨大な神殿の姿が見えるようになっていく。

156ページで見たように、平安時代後期、東大寺大仏を超える高さを誇った大神殿は、巨大な柱に支えられた独特の様式を持っていたと考えられている。

だが、この巨大神殿は、その高さゆえに倒壊が相次ぎ、25～40年の周期での建て替えを余儀なくされた。巨木を用いた修理の様子や、相次ぐ倒壊に対応するため臨時の神殿が設けられたことなどが、造営関係の史料に残されている。

時代が下った16世紀の史料には、正殿《せいでん》と呼ばれる高さ約48メートルの神殿と、新宮造立までのつなぎの役割を果たした仮殿が存在したと記述されている。

出雲大社の遷宮は、こうした倒壊からの再建に端を発している。律令国家が衰退し、再建費用をまかなえなくなると、巨大な神殿は次第に縮小していき、17世紀前半には、遷宮後の神殿の高さは20メートルほどになってしまった。このとき、古代から続いた柱の様式も変化し、60年に1度の遷宮が原則化されるようになった。

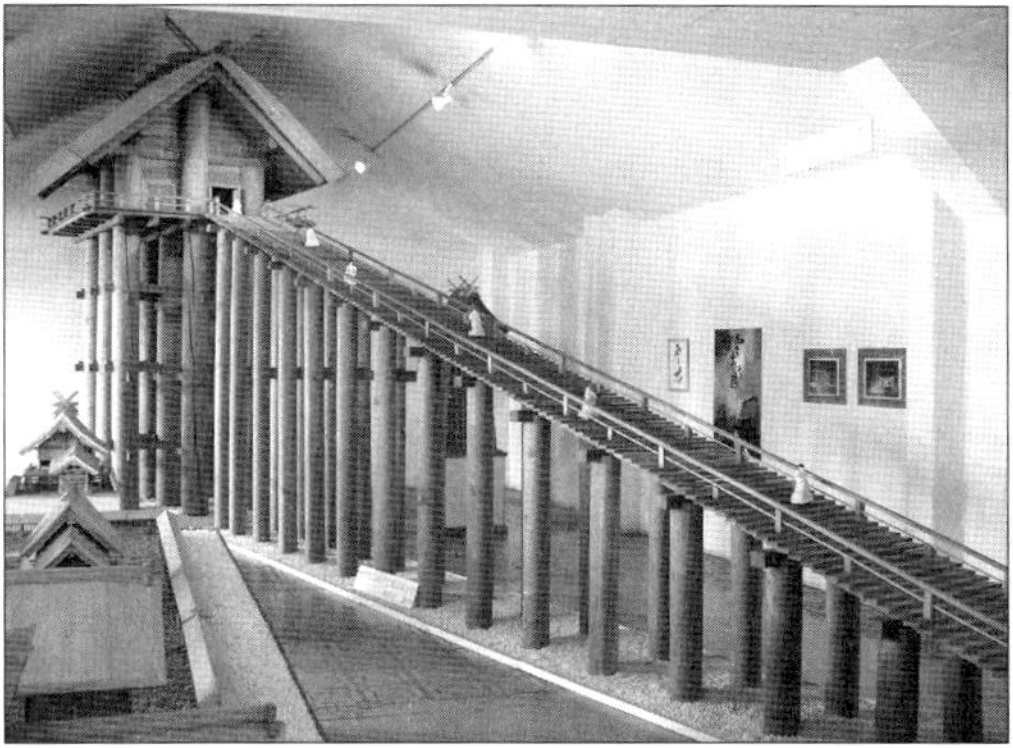

出雲大社本殿復元模型図。10世紀以前には、90メートルを超えていたとの伝承も残っている。（©Melanom）

　出雲大社宮司家に伝わる「金輪《かなわの》御《ご》造営《ぞうえい》差《さし》図《ず》」には、今はなき高層建築の平面図が描かれている。この平面図は、3本の巨木を1つにまとめ、直径3メートルに達する壮大な柱として用いたと伝えている。そのスケールの大きさから史料の信憑性が疑われていたが、この巨大な柱の存在は、2008年に発見された同型の柱によって裏づけられ、謎に包まれた構造の一部が明らかになった。今後の調査に期待したい。

71 【古事記にまつわる神社の謎】「大黒柱」の由来は出雲にある？

「一家の大黒柱」というように、家族を支える人物は大黒柱と呼ばれることがある。何気なく使う大黒柱という言葉だが、実は出雲大社の祭神オオクニヌシと切っても切れない関係にあることを、ご存じだろうか？

大黒柱の大黒とは、七福神の1柱大黒天《だいこくてん》を指す。右手に木槌、左手に米袋を持つ、まん丸とした容貌の大黒天は、食や福を司る神として、日本各地いたるところで祀られている。出雲大社の主祭神オオクニヌシは、この大黒天と同一の神だとみなされているのだ。

この習合は、大黒と、オオクニヌシを漢字で書いた「大国」が同じ読みをすることに由来する。江戸時代になると、出雲大社の本殿中心にある心御柱《しんのみはしら》が、オオクニヌシ＝大黒様が宿る重要な柱であることから、大黒柱と呼ばれるようになった。これが大黒柱の由来の1つだと考えられている。柱のどっしりとした安定感と、幸福をもたらすという大黒天の性格も無関係ではないだろう。

だが、大黒天の本来の姿は、我々の想像とはかけ離れた驚くべきものだったことを忘れてはならない。

大黒天は、ヒンドゥー教では破壊と豊穣の神マハーカーラと呼ばれていた。最高神シヴァの化身であるマハーカーラは、仏教に取り入れられ、複数の神と習合して仏法の守護神となると、怒りの表情を浮かべる三面六臂の戦闘神として描かれるようになる。剣を手にし、他の手で山羊や人をつかむ姿は、とても福の神には見えないだろう。

9世紀ごろ日本に伝来した大黒天は、中国大陸を経た結果、豊穣の神から台所の神に変化した。

その後、寺院での信仰が、いつしか民衆生活に溶けこみ、縁起のいい財福神として、広い信仰を得ることになる。

（上）大黒天像（©Yanajin33）
（下）マハーカーラ

72 【古事記にまつわる神社の謎】出雲大社の神事は独特？

日本各地には独特の神事が数多く存在するが、出雲大社の神事ほど、大規模かつユニークなものも珍しいだろう。古来、出雲にある神社と連関しながら、さまざまな神事が行われてきた。それは一体どのような催しなのだろうか？

国造《こくそう》（宮司）が亡くなると「火継ぎ式」という代替わりのための儀式が行われる。新国造は、お火所と呼ばれる斎館に籠って身を清めた後、熊野大社（島根県松江市）に赴く。熊野大社の鑽火殿《さんかでん》で火鑽臼《ひきりうす》、火鑽杵《ひきりぎね》を使って火をおこし、その火で調理した神饌《しんせん》を神に捧げると同時に、自らも食べるという神事だ。その後、饗宴を行い、出雲大社に戻ると神事は完了する。

このような、火を尊ぶ儀式が出雲大社では重視されてきた。火は歴代国造の霊とみなされており、その息吹がかかった食物を口にすることで、霊魂を体内に取りこむことができると考えられていたようだ。

火鑽臼や火鑽杵は、火をおこすための神聖な道具として出雲大社で特別視されてきた。

鑽火祭で使われる臼と杵を保存する熊野大社の鑽火殿（©Arthena）

その火おこしのための道具は、火継ぎ式の舞台となった熊野大社でつくられ、毎年10月15日、同地で行われる鑽火祭《さんかさい》によって国造の手に渡る。この神事からも、古代出雲の火への考え方を垣間見ることができる。

国造は土産の餅を持参し、丁重に挨拶するが、応対役の老人亀太夫《かめだゆう》は、一向に臼と杵を渡そうとしない。それどころか、餅の出来が悪いと苦情ばかりを口にする始末だ。国造は亀太夫からの苦言に耳を傾けた後、なんとか臼と杵を受け取ることができる。

嫌がらせのような神事だが、そこには、調理に欠かせない火への畏敬の念や、聖なる火を操る難しさが表現されているのではないだろうか。

73

【古事記にまつわる神社の謎】

お稲荷さんは狐ではない？

お稲荷さんといえば、狐の姿が頭に浮かぶ人が多いだろう。五穀豊穣、商売繁盛を司る神であり、京都府の伏見稲荷大社をはじめ、日本全国で祀られている。その数は大小合わせて3万社を超えるという。

意外にも、お稲荷さんの由来は古く、『古事記』にも登場する。だが、当初は狐とは無縁の、数多の穀物神の1柱に過ぎなかった。

稲荷神は、正式には宇迦之御魂神《うかのみたまのかみ》（以下ウカノミタマ）といい、スサノオの子として『古事記』に名前が挙げられている。名前の「ウカ」が食物を意味することから、古くから五穀豊穣の神としてみなされていたことがわかる。

『日本書紀』には、イザナギとイザナミが飢えて無気力の状態のときに、ウカノミタマが生まれたと記されている。『古事記』の伝承とは異なるが、食物神という性格は共通していることがわかるだろう。稲荷の語源も、「稲が成る」からきており、農耕神として、古くから定着していたといえる。

このような信仰の定着には、渡来系の豪族秦氏《はた》の影響が大きい。なぜなら、秦氏が氏神として祀る農耕神がウカノミタマと結びつき、稲荷神が誕生したからだ。秦氏は、絹織物の加工に秀でた技能集団として重宝されており、山城《やましろ》（京都）の地に居を構えていた。そして、平安京遷都によって、その信仰を天皇や貴族に広げる機会を得たのだ。

伏見稲荷大社狐像。神の使いとして、境内のいたるところにこのような狐の像が建てられている。（©Kentaro Ohno）

狐と結びついたのは、平安時代、稲荷神の別名ミケツノカミに、古名読みの「狐」の字が当てられたことに由来する。つまり、「三狐神」と当て字したことで、神聖視された狐と稲荷神が結びついたと考えられている。

ただし、狐はあくまで稲荷神の使いであって、祭神が狐であるわけではない。

74

【古事記にまつわる神社の謎】

伊勢神宮はなぜ三重県にあるのか？

伊勢神宮は、天皇の祖先神アマテラスを祀る日本の代表的な神社だ。だが、朝廷がもっとも尊ぶ皇祖神は、なぜか大和から離れた三重県に祀られている。

『古事記』では、第10代崇神《すじん》天皇と第11代垂仁《すいにん》天皇の記述の注に、伊勢大神の宮を祀ったとのみ記されているため、詳細はわからない。

『日本書紀』ではどうか。崇神・垂仁天皇の時代、宮中に祀られていたアマテラスをしかるべき場所に祀るため、皇女に憑依させて各地を巡り、最終的に伊勢の地に決まったと説明されているが、この起源も信憑性に欠ける。

というのも、崇神・垂仁天皇が在世したとされる時代は、3世紀末から4世紀前半ごろ。この時期、日本では文字が用いられていなかった。つまり、確かな文字史料が存在せず、歴史的事実かどうか、確認することができないわけだ。この事実をふまえると、『日本書紀』の伊勢神宮起源説が、事実を正確に伝えたものだとは考えにくい。

では、アマテラスが伊勢に祀られた理由とは何なのだろうか？

伊勢地方が朝廷との関係を強化するのは、5世紀半ば以降だった。それ以前にもヤマト政権は伊勢に勢力を伸ばしていたが、朝廷の関心は朝鮮支配に向いていた。

だが、朝鮮攻略の苦戦によって、ヤマト政権は勢力拡大の方向転換を余儀なくされる。伊勢以東の地を制圧するため、軍を東に進めることになったのだ。こうして、伊勢は東方支配の拠点として、天皇家にとって重要な意味を持つようになったと考えられている。

伊勢神宮内宮鳥居。鳥居を越えた先にある正宮や別宮などの社殿には、清めの白砂利が敷き詰められている。

ヤマト政権の支配権が東西に拡大した5世紀後半から6世紀前半にかけて、天皇家の保護を背景に、伊勢神宮は成立したと考えられる。

成立当初は他社の神々と同列に扱われていたようだが、6世紀にアマテラスと習合し、現在につながる伊勢神宮の地位が確保されたと考えられる。

75 伊勢外宮に祀られるトヨウケとは？

【古事記にまつわる神社の謎】

自然の中に悠然と構える伊勢神宮には、大小合わせて125の社がある。伊勢神宮とは、アマテラスを中心に祀る内宮《ないくう》と、そこから5キロメートルほど離れた地に鎮座する豊受大御神《とようけおおみかみ》（以下トヨウケ）を祀る外宮《げくう》を中心とした社の総称で、正式には神宮という。古くは伊勢太神宮《いせだいじんぐう》ともいった。

内宮に祀られる皇祖神アマテラスに対して、外宮には食物神トヨウケが祀られている。現在は、衣食住や産業を護る神としても崇められている。

では、なぜ食物神が皇祖神とともに主祭神の地位にあるのだろうか？

『古事記』には、ニニギの高千穂降臨のときに付き従った神の1人としてトヨウケの名が挙げられている。だが、外宮の成立には触れていない。

時代が下って平安時代の史料には、第21代雄略《ゆうりゃく》天皇が夢の中でアマテラスから受けた神託に従い、トヨウケを丹波の比治《ひじ》の真奈井《まない》から迎え、伊勢の度会《わたらい》に祀ったと伝える。こ

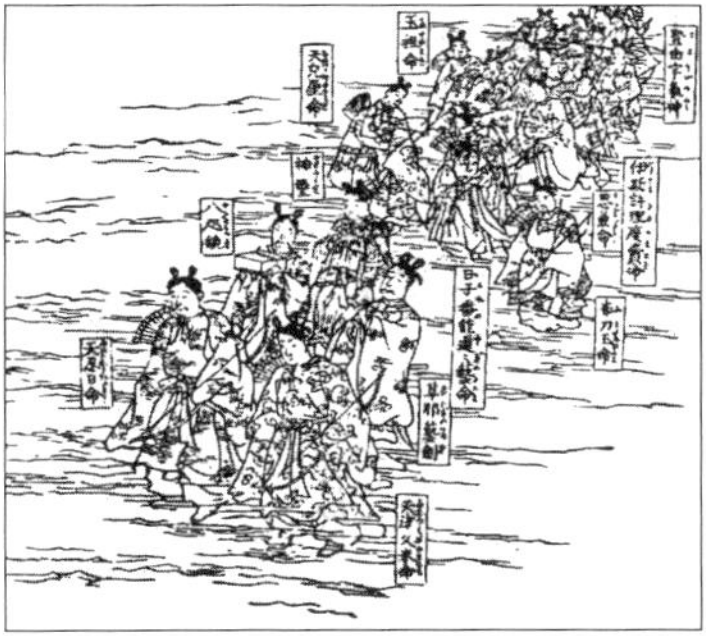

ニニギと共に葦原中津国に降りたった神の中に、トヨウケの姿を確認することができる。画面右上。(『日本国開闢由来記』)

れが正しければ外宮は、内宮の成立とほぼ同じ5世紀後半から6世紀にかけて成立したことになるが、異説が多く、起源は不明瞭なのが現状だ。

しかし、前項で見たように、伊勢神宮が伊勢の地方神を祀る神社から出発したと考えると、外宮の神は本来、土着の神だったのではないだろうか。

5世紀中葉以降、伊勢神宮はヤマト政権との関係を強化した。内宮はアマテラスと習合し、外宮には禰宜《ねぎ》(神主《かんぬし》)を務めた土着の豪族度会《わたらい》氏によって、土地の神の性格が残されたと考えられる。

実際、律令国家が完成する7世紀以降、伊勢神宮は国家最高の神社にのぼりつめていくが、歴史的にみると、トヨウケを祀る外宮の方が信仰を集めていた。内宮が注目されるのは、明治時代になってからのことである。

76 【古事記にまつわる神社の謎】「遷宮」はなぜ行われるのか？

伊勢神宮では20年に1度、境内の建物、宝物を新造する式年遷宮《しきねんせんぐう》（遷宮）が行われる。２０１３年には、62回目の遷宮が催され、年間参拝者が１０００万人を超えるほどの注目を集めた。

穢れを祓い、清浄な状態を保つための儀式だと捉えられることも多いが、このような大規模な祭礼の実施には、構造上の問題が大きく関係している。

伊勢神宮の社《やしろ》は、弥生時代を連想させる高床式のシンプルな造りでできている。檜《ひのき》を使った白木《しらき》造りの社は、風雨や湿気に弱いため、20～30年の間隔で建て直す必要があったのだ。

実際に建て直しが制度化されるのは、おそらく奈良時代後半から平安時代初期にかけての時期だろう。

伊勢神宮には、天武天皇の命がきっかけとなり、６９０年、次代持統天皇の時代に、１回目の遷宮が内宮で行われたとの起源が伝わっているが、これは遷宮の起源を権威づけるための創作だと考えられる。この時代に、太政官符や天皇の命を記した詔勅《しょうちょく》などによって、遷宮が公式行事に定められたとはいい難い。

1953年に行われた伊勢神宮外宮での遷御の儀（画像引用：『朝日新聞 報道写真傑作集 1954』朝日新聞社刊）

718年にヤマト政権がまとめた「養老令《ようろうれい》」にも遷宮の記事はない。927年にヤマト政権が記した「延喜式《えんぎしき》」において、遷宮の詳細な記述がはじまったことをふまえれば、持統朝期に遷宮が行われるようになったとは考えにくいだろう。

天武天皇治世の伊勢神宮の神は、まだ天皇家の氏神という性格が強く、国家神という側面は薄かったと考えられる。ヤマト政権による全国の神社支配が強化される中で、国家神へと変化したのだろう。

建て直しの習慣はあったものの、それが制度化するには、さらなる月日を待つ必要があったようだ。

77

【古事記にまつわる神社の謎】

神社の整備が進んだのはいつからか？

伊勢神宮を手はじめに、7世紀後半からヤマト政権は各地の神社支配にのりだした。それ以前の6世紀ごろまでの地方の神社は、成り立ちも目的も多様で、鳥居や社殿を持つ、我々に馴染み深い神社は、まだ完成していなかった。

『古事記』には、天皇家や有力豪族に関する神話が数多く載せられているが、地方神社に関する記述は少ない。『古事記』に記される由来の古い神社では、ご神体も山や木、岩など、自然物が対象になることが多く、はじめは社殿を持っていなかった。

それ以外の地方神社も、はじめは祭祀のときのみ社殿を建てるぐらいで、整った形を持っていなかった。あらゆるものに神が宿ると考え、それぞれの共同体が独自の信仰対象を持っていたのである。

そうした状況が変化した理由の1つに、祭祀の大規模化が挙げられる。古代において神を祀る地は、日常生活から切り離された神聖な空間だった。村落から離れた山や海に祭祀場が設けられると、そこは穢れのない地として特別視されるようになる。

そして、祭祀の規模が拡大したことで、神を迎えるための構造物が祭りの日につくられるようになった。それが常設化するようになって、社殿が完成したと考えられる。

神社の整備が進んだもう1つの理由に、神職の誕生が挙げられる。祭祀の規模が拡大したことで、農耕の片手間で神事に携わることは難しくなり、専業の神職が必要になったのだ。

こうして段階的に神社は形を整えた。ヤマト政権による支配権拡大も相まって、豪族支配下の大規模な神社では、社殿や鳥居、神職が誕生した。

千葉県香取市の香取神宮で４月に催される御田植祭の様子（©katorisi）

ただ、神社の成立は年代や地域によってばらばらで、鎌倉時代以降に成立した社も少なくない。
現在のようにどんな神が祀られているのか整備されるのは、天皇と神社の関係が強化される、明治時代になってからのことである。

78

【古事記にまつわる神社の謎】

神社では神に何を捧げるのか？

神社の祭祀には、農耕生活の面影が残っている。豊作を祈り、収穫を感謝する儀式は、神との饗宴に他ならない。そのために神に捧げられたのが、神饌《しんせん》だ。神饌には、古代の食生活の様子や、食への価値観が表れており、各地の祭祀を特徴づける要素にもなっている。では、神饌にはどのようなものが選ばれたのだろうか？　その内容を見ると、米食以外の、多彩な食物が奉献されていたことがわかる。

平安時代の史料「延喜式」には、宮中行事で献納された神饌について記されている。そこには酒や餅の他、鰒《あわび》や烏賊《いか》、鰹《かつお》、鮭、海藻類などの海の幸、柚子や柿、栗などの果実、豆類など、非常に多くの品目が並ぶ。海の幸は、乾燥させたり、塩水で煮たりと調理の手が加わるものもあった。

では、一般的な神社ではどうだろうか？　そこでも、稲作以外の作物が大きな意味を持っていた。

里芋や山芋のような芋類は、地域によっては食料として重宝されただけでなく、贈答品に選ばれ、神饌として神に捧げられることが多かった。

また、中国から油で食物を揚げる調理法が伝わったことで、神饌も影響を受け、米粉を丸めて固めたものを油で揚げた糫餅《まがりもちい》が生まれた。

このような神饌の多様さは、稲作農耕以外の食文化が、日本に存在していた可能性を示している。芋類や栗など、根菜を主食とする畑作文化や、農耕以前の肉食文化など、地域に根ざした食文化が神社の性格にも反映し、多くの品目に彩られた神饌が誕生したと考えられる。

神饌の品目がそのまま民衆の食料となっていたとは考えにくいが、古代の食文化の一端を表しているのは間違いないだろう。

九州南部にある霧島山の高千穂河原で神饌を捧げる様子（©663highland）

79

【古事記にまつわる神社の謎】

一番多く祀られている神は？

132ページで見たように、八幡神は全国で一番多く祀られている神だ。神社本庁が1990年から1995年にかけて実施した全国神社祭祀祭礼総合調査によると、八幡神を祀る神社は、7817社にものぼるという。これは、全体の7万9335社のうちの約1割を占めている。多種多様な神が祀られていることを考えると、驚くべき数字ではないだろうか。神社としての届け出がない小規模の社や祠を含めれば、その数はさらに膨れ上がり、4万社を大きく超えると考えられる。

このような大規模な信仰は、どのように流布していったのだろうか？　対新羅神として政治的に誕生し、広がったことは先述したが、それ以外にも、八幡信仰が広がる理由はあった。その理由は、仏教との習合に求めることができる。実は、八幡神は日本で最初に出家し、仏教に帰依した神様なのだ。

749年、大仏を拝するため、巫女に憑依した八幡神は宇佐（福岡）から赴いて出家し、

「八幡大菩薩」と呼ばれるようになった。ここでいう菩薩とは、観音菩薩ではなく、「出家者」という意味だと考えられる。

時代が下って10世紀に入ると、八幡神は本地《ほんじ》垂迹説《すいじゃくせつ》の影響を色濃く受け、釈迦如来もしくは阿弥陀如来が仮の姿で現れた存在だとみなされるようになる。これが、信仰拡大につながった。

あらゆる自然物に宿る日本の神は、本来は無形で、祀られる社は神聖な禁断の地だとみなされることが多かった。

だが、仏像の影響を受けて神像がつくられるようになると、それまで目に見えなかった信仰対象が明確化し、神の性格も整えられた。その結果、土着の信仰を超えて日本各地で共通の神が祀られるようになったと考えられる。

僧形八幡神像。応神天皇と習合する前は、仏教を積極的に受容した聖武天皇が八幡神とみなされることもあった。

80

【古事記にまつわる神社の謎】

出雲にはなぜ日本中の神様が集まるのか？

旧暦の10月（新暦11月〜12月）は全国の神が出雲に集い、故郷を留守にすることから、神無月《かんなづき》と呼ばれる。だが、神々が集合する出雲地方では神在月《かみありつき》と呼ばれ、神々を迎える盛大な神事が、各神社で行われる。

神が出雲地方に集まるという伝承は、12世紀半ばに藤原清輔《ふじわらのきよすけ》が著した『奥義抄《おうぎしょう》』にはじまる。14世紀の史料には、当時の出雲の主神スサノオを仰ぎ、尊ぶため神が集まったと記されているが、時代が下ると、いつしか神は縁結びを中心とした合議を行うため出雲に集うとみなされるようになった。

では、なぜ神は出雲に集まるのだろうか？

その疑問の答えには、出雲を治めたオオクニヌシが関係する。アマテラスへの国譲りの際、オオクニヌシは政《まつりごと》を譲った後、自身は「幽《かく》れたる神事」を治めるといった。この「幽れたる神事」が、全国から神々を招き行われる会議だとみなされるようになったのだ。

出雲に神々が集う場面。オオクニヌシを中心に、アメノウズメ（オオクニヌシ下）やサルタビコ（オオクニヌシ右下）と思われる神などが描かれている。（『国芳国貞錦絵』部分／国会図書館蔵）

また、中世の神道説では、10月に限って出雲大社祭神が日本を支配することから、神々が出雲に集まるとしている。

他にも、15世紀末の史料『日本《にほん》紀《ぎ》神代《じんだい》抄《しょう》』などをもとに、イザナミを称えるために神が集まったとする説もある。

出雲はイザナミが崩御して埋葬された地であると記す文献が近世以降増え、このような説が生まれた。母であるイザナミへ敬意を表し、親孝行するため、神々は出雲大社へ集まると考える説だ。出雲の神魂《かもす》神社《じんじゃ》では、現在でもこの説をもとにした神事が行われる。

このように、出雲に神が集まる理由は諸説ある。それが祭りの多様さにも影響しているのだろう。

81

【古事記にまつわる神社の謎】

神社の数が多い都道府県は？

文化庁の調査によると、２０１２年末時点で全国で一番神社が多い都道府県は、新潟県だという。新潟県には、４７６４社の神社が存在し、２位兵庫県の３８６６社を大きく引き離している。なぜここまで多くの神社が存在するのだろうか？

まず、新潟県が、明治期の日本でもっとも人口の多い都道府県だったことが関係している。１８８８年の人口調査によると、新潟県は、人口１６６万を誇り、１３５万人が暮らす東京府を大きく超えていた。人口規模2位は兵庫県、３位は愛知県である。新潟県と同じように、現在も神社数が全国上位に入っており、いずれも農耕先進地域であった。農耕の繁栄を祈り感謝するのに神社祭祀は欠かせなかったため、多くの神社が誕生したと考えられる。

新潟県の地理も、神社増加の理由の1つだろう。南北に伸びる新潟県は、関西や関東の文化が交わる地点でもあり、地域ごとに異なる文化が根づく土地だった。東西南北の文化の接点であったため、地域の祭祀に影響を与え、多種多様な神社が成立していったと考え

大正時代、那覇市に創建された沖縄神社。祭神として琉球王国の国王を祀っている。初代国王尚円、最後の国王尚泰の他、琉球王国の始祖になったという伝説を持つ源為朝などが祀られている。

られる。

ちなみに、神社数が一番少ない都道府県は、13社の沖縄県である。沖縄県には、神道とは異なる土着のシャーマニズムが展開し、琉球王国として独自の文化を形成していた。そのため、沖縄には、本州の神道の影響が及びにくかったと考えられる。

また、意外にも、沖縄県の次に神社が少ないのが、熊野三山を擁する和歌山県だ。その数は445社と、新潟県の10分の1ほどしかない。熊野三山とは、平安時代後半から聖地として特別視されるようになった3つの神社だ。全国に3000社以上広がる熊野信仰の中心地であるがゆえ、他の信仰が入りにくかったと考えられている。

82

【古事記にまつわる神社の謎】

諏訪大社はなぜ4つの社殿が存在するのか？

長野県に位置する諏訪大社《すわたいしゃ》は、諏訪湖周辺に4つの境内を持つ広大な神社だ。御柱《おんばしら》と呼ばれる4本の柱をご神体に仰ぎ、国つ神オオクニヌシの子タケミナカタを祭神として祀っている。

だが、不思議なことに、諏訪湖の南に位置する上社《かみしゃ》と、北に位置する下社《しもしゃ》では、同じ神を祀っているにも関わらず、性格の異なる祭祀が行われてきた。タケミナカタを祭神としているが、境内には多くの社殿が存在し、風や水を守護する農耕神、境界を守る軍神、狩猟や漁業の守護神など、その性格は多岐にわたる。このような多様性はなぜ生まれたのだろうか？

そこには、諏訪の地で起こった勢力争いが関係している。諏訪大社は、ヤマト政権が土着の勢力を吸収する形で成立したと考えられているのだ。『日本書紀』には、持統天皇によって使者が派遣されたとあり、10世紀ごろの史料「延喜式神名帳」にも、47ある信濃（長野県）の神社の最上位に位置すると記されている。

平安時代には厚遇された諏訪大社だが、実際に境内が諏訪湖の南北4つに分かれるのは、中央から新興の豪族がやってきた7世紀ごろだと考えられる。国造として、中央から金刺《かなさし》氏が派遣されて下社を運営するようになり、諏訪湖南側の上社では、諏訪氏、守矢《もりや》氏が土着の信仰を守っていたという。その結果、対立と和解を繰り返しながら、広い支持層を持つ諏訪信仰が誕生した。

諏訪大社のご神体・御柱。モミでできた高さ約17メートルの御柱が他に3本建てられている。（©Qurren）

諏訪大社の伝承によると、タケミカヅチに敗れて諏訪にやってきたタケミナカタは、守矢氏の氏神洩矢《もれや》と戦って勝利を収め、諏訪の地を開拓したとある。

この伝承も新旧勢力の対立を反映しているといえるだろう。

83

【古事記にまつわる神社の謎】

オオクニヌシを助けた大神神社の神とは？

奈良県の大神《おおみわ》神社に鎮座する大物主神《おおものぬしのかみ》（以下オオモノヌシ）は、オオクニヌシの国づくりを助けた国つ神として『古事記』に登場する。三輪《みわ》氏によって信仰されていた神であることから、「大神」という漢字を「おおみわ」と読むようになったようだ。

この大神神社には、諏訪大社と同じく、ご神体を祀る本殿がない。神社に向かい合った三輪山という山がご神体なのだ。鳥居越しに三輪山を拝むことができるようになっており、古来の自然信仰や精霊信仰を伝える貴重な神社だ。では、こうした古い信仰を残す大神神社とは、どのような神を祀っているのだろうか？

大神神社の祭神オオモノヌシは、あるときは矢、あるときは美丈夫として姿を現すが、本来の姿は蛇神である。神話には、オオモノヌシの子を宿した女性が登場するが、そうしたモチーフは民話でも好まれ、広い地域に似たような物語が残っている。

『日本書紀』にも、第21代雄略天皇にまつわるオオモノヌシの物語が記されている。息子に三輪山の神を捕まえてくるよう命じ、雄略天皇は巨大な蛇神を目にするが、身を清めずに接したため、蛇神は怒り、雷鳴を響かせて光り輝き、雄略天皇を驚かせたという内容だ。

この神話は、オオモノヌシが雷神としても信仰されていたことを示している。

蛇は聖なる動物であると同時に、人を惑わしたり、自然を操ったりする力を備えていると考えられていた。そうした経緯もあって、産業や日常生活などを守る神として、広く信仰されてきたのだ。

大神神社の大鳥居。鳥居の奥に見えるのが、大神神社のご神体・三輪山。（©Tamago Moffle）

明治には、大神神社の本殿造立が計画された。

しかし、役人が山を崇める古くからの由緒を守るべきだと申請を受理しなかったため、今日でも古来の信仰形態を目にすることができる。

84 【古事記にまつわる神社の謎】イザナミが眠る熊野三山は黄泉国？

『古事記』には、イザナミの埋葬地は島根県と広島県の境にある比婆山《ひばやま》だと記されている。神々の母として信仰されていたイザナミは、『古事記』以外の文献にもよく登場し、島根県や四国地方などには、ゆかりの深い地が多い。和歌山県を代表する3つの神社熊野三山も、そうしたイザナミ伝承を残している。

『日本書紀』によると、カグツチを生んだ後、命を落としたイザナミは、熊野の有馬村に葬られ、土地の人々の手厚い供養を受けたという。花を捧げ、鼓や笛などを用いた葬送の様子を、生き生きと描いている点が印象的だ。

『古事記』が編纂された8世紀前半、熊野へ行くには、険しい道を切り抜ける必要があった。そのため、都の人々にとって、熊野は文化とは無縁の暗黒世界であり、死者が行き着く地だとみなされていた。神話に描かれる黄泉国のイメージと熊野の鬱蒼としたイメージが重なり合い、イザナミが眠る地だとみなされるようになったのだろう。有馬村で丁重に葬られたのも、死者に対する恐怖と、熊野への畏敬の念がはたらいたためだと考えられる。

だが、こうした死霊のイメージが伴っていた熊野の地は、律令国家の発展や、仏教の興隆によって徐々に変化していく。

熊野三山の創建年代はわかっていないが、古くから修験道の聖地として尊ばれていたようだ。9世紀には、熊野の二つの神社が律令国家の統制下に入り、知識人や僧侶などが集うようになっていた。平安時代後半には、浄土教の影響もあって、熊野三山は浄土とみなされるようになり、天皇家にも厚遇されるようになる。そうした事情もあって、熊野三山は仏教色が大変濃くなり、僧侶の修行の場として好まれるようになった。

熊野古道の様子。2004 年、「紀伊山地の霊場と参詣道」として世界文化遺産に登録された。（©miya-aki）

85 伊勢参りはなぜ流行したのか？

【古事記にまつわる神社の謎】

江戸時代、多くの人々が、伊勢を目指して旅に出た。そうした伊勢参詣はお蔭参《かげまい》りと呼ばれ、老若男女を問わず人気があった。しかも、約60年周期で爆発的に流行し、参詣者が50日間で350万人を超えた年もあった。当時の人口が2800万ほどだったことをふまえれば、その規模の大きさがよくわかる。このような爆発的なお蔭参りの流行は、なぜ起こったのだろうか？

江戸時代、参勤交代のために交通網が整えられ、治安が安定したことで、多くの人々が遠方へ足を運べるようになった。さらに江戸時代中期からは、浮世絵によって東海道の鮮やかな自然が描き出され、民衆の好奇心を刺激した。そうした事情もあって、江戸時代の民衆の中には、いつか旅することを夢見て日々を過ごす者が少なくなかったようだ。

では、なぜ民衆は伊勢を旅行地に選んだのだろうか？　理由の1つに、伊勢が、移動制限を課されていた民衆が行ける、数少ない地所だったことが挙げられる。この時代、民

伊勢参詣のため、途上の川を渡ろうとひしめく人々（歌川広重「伊勢参宮・宮川の渡し」部分）

衆は寺院に登録され、自由に移動することができなかった。だが、伊勢神宮は、戦乱による荒廃から復帰しようと民衆の呼びこみに力を入れていたため、比較的簡単に旅行許可が下りる地だったのだ。

こうしたお蔭参りの流行は、江戸時代の身分制社会も関係している。江戸時代中期まで、伊勢参詣は「おぬけまいり」と呼ばれていた。集団の伊勢参りの噂が流れると、多くの人々が自身の生活からぬけだして伊勢に向かってしまったため、そのような呼称になったらしい。子は親の、妻は夫の、奉公人は主人の許可を得ずに旅立っていった。そうした民衆の目的は、固定された日常生活から離れ、自由に過ごすことにあったようだ。

古事記の世界に旅立とう　その4

出雲

出雲大社の一の鳥居をくぐった先には、食事処や喫茶店、物産店など、多くの店が建ち並んでいる。1キロメートルほど続くこの参道は、神門通りと呼ばれ、観光客で賑わっている。出雲発祥と伝わるぜんざいや縁結びグッズを扱う店が人気を集めているようだ。

二の鳥居前の十字路を右折すれば、出雲の歴史を史料や復元模型から楽しめる古代出雲歴史博物館が見える。

そして、二の鳥居から境内に続く四の鳥居までは、松並木が参道を飾る。皇族も歩いたというこの並木道を進んでいくと、八百万の神が集う出雲大社を目にすることができる。

【アクセス】

［出雲大社］

一畑電車出雲大社前駅から徒歩約7分

東京駅八重洲口からJR出雲市駅行夜行バスに乗車（約12時間）

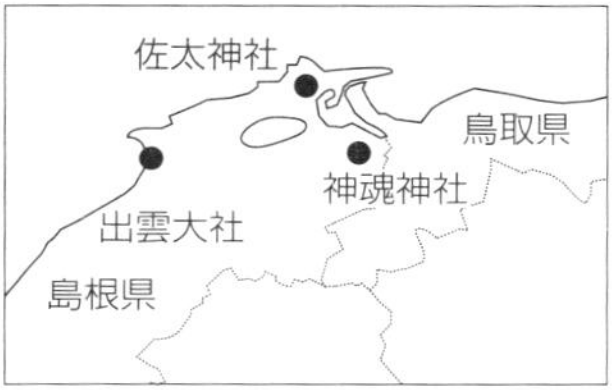

五章　古事記と日本人の謎

86

【古事記と日本人の謎】

『古事記』にまつわる聖地の特徴は？

日本全国には、神話にゆかりの深い地が数多く存在する。そうした地は古くから聖地とみなされ、民衆の信仰を集めてきた。現在では、観光地として人気の高い場所も多い。

こうした聖地を地図上で見ると、ある特徴に気がつく。実は、神話の舞台となった天岩戸や高千穂、出雲地方など、これまで見てきた多くの聖地は、西日本に集中しているのだ。

イザナギとイザナミが生んだ最初の国土淤能碁呂島《おのごろじま》は、瀬戸内海や和歌山県南海など、近畿に近い海にあると考えられていたし、島根県には黄泉国の入り口・黄泉比良坂が存在する。

一方で、東日本には『古事記』にまつわる聖地がほとんどない。神話の舞台が西日本であるため、東日本に関する記述も限られているのだ。東方を、田舎を意味する「夷《ひな》」と記していることからもわかるように、地名や対抗勢力などは、西日本が舞台となった記述に比べると、具体性に欠けていることがわかる。長野県の諏訪大社のように、天つ神に敵対した国つ神が逃げていった地として描かれるなど、好意的とはいえない記述が目立つ。

このような差異は、当時の政治状況を反映している。大和や吉備《きび》（岡山県）、出雲、北九州など、古墳時代の大規模な勢力は、西日本に集中している。これまで見てきたように、『古事記』は、近畿に拠点をおいたヤマト政権の統治の正当性を確保するためにつくられた書物だ。そのため、彼らの支配地である西日本が神話の舞台のモデルになり、勢力が及ばない東方への記述は少なくなったと考えられる。

そして、『古事記』の記述をもとに、奈良時代以降も天皇陵や神の鎮座する場が比定され、神話に由来する聖なる土地として信仰を集めていった。

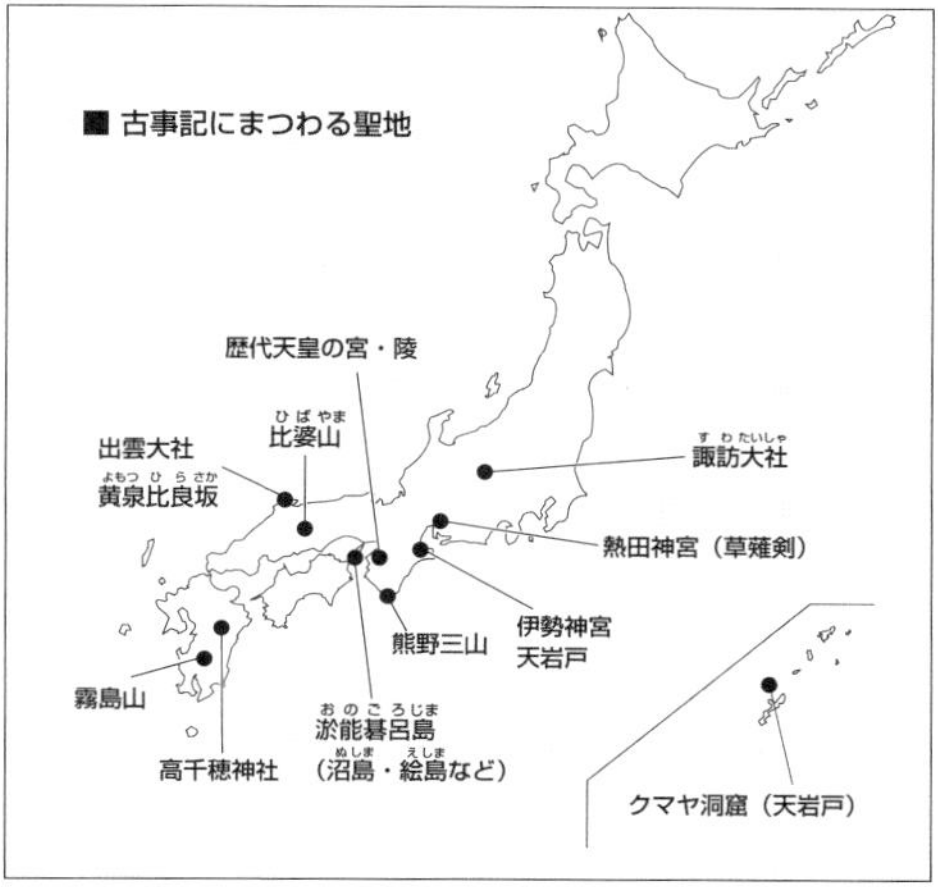

87 【古事記と日本人の謎】日本神話から生まれた物語は？

『古事記』を読むと、どこかで聞いたことがあるような物語を目にすることが多い。それもそのはず、日本神話をもとに、日本人なら誰もが知る、数多くの物語が誕生したからだ。

その1つが「浦島太郎」だ。『古事記』の山幸彦《やまさちひこ》（以下ヤマサチ）神話には、海に落とした釣針を探すため、ヤマサチが小舟に乗って綿津見《わたつみ》の国の神殿に訪れるという箇所がある。神殿で歓待されたヤマサチは、綿津見の娘豊玉毘売《とよたまびめ》（以下トヨタマビメ）を娶り、3年を過ごして地上に戻る。竜宮城を思わせる夢のような神殿だ。

また、ヤマサチの孫神武天皇は、日向から大和に向かう途中、亀に乗って釣竿を携える国つ神珍彦《うずひこ》の案内を受ける。物語構成は異なるものの、珍彦の姿は浦島太郎を彷彿とさせる。

もう1つ、「鶴の恩返し」も、ヤマサチに関係するエピソードがもとになっている。それが、妻トヨタマビメの出産シーンだ。

ヤマサチは出産の様子を見ないと妻に約束した。にもかかわらず、産屋を覗き見てしまい、トヨタマビメの本当の姿を知ってしまう。妻は巨大な鮫《さめ》だった。鶴と同様、本当の姿を見られたトヨタマビメは、子を残してヤマサチの前から去ってしまう。

『古事記』の山幸彦がモデルとなった、浦島太郎。（歌川国芳・画）この絵の亀はウミガメではなくリクガメではないかとも囁かれている。

「桃太郎」も、『古事記』から生まれた物語だ。桃太郎のモデルとなった吉備津彦命《きびつひこのみこと》（以下キビツヒコ）は、山陽道を平定した皇子で、岡山県の吉備津神社に祀られている。桃太郎伝説は、この吉備津神社の伝承に端を発するのだ。

鬼退治に赴くキビツヒコの様子は、桃太郎伝説と大筋で一致している。

ただ、同行した家来は動物ではなく、犬飼《いぬかい》健《たける》、楽々《ささ》森彦《もりひこ》、留玉臣《とめたまおみ》という3人の人間だった。

88

【古事記と日本人の謎】

人間と神話に登場する動物との関係は？

『古事記』からは、古代の人々と動物との関係が垣間見える。日本神話は西洋神話に比べて、動物が人間や神に化けている物語が多いのだ。そして、それらの動物の多くが、結婚するため人間の姿をしていた。『古事記』では、サメやヘビ、カメなどと人、神との結婚が語られるが、多くの動物はその正体がばれて姿を消すことになる。

また、動物神も数多く登場する。人に化けることも多かったが、こうした動物神は本来、自然に宿る精霊であった。山の神としてイノシシやヘビ、クマ、シカなどが登場し、あるときは登場人物を助け、あるときは苦しめた。こうした特色は、地域ごとに育まれた信仰を反映していることが多かった。稲の実りを祈ったり、水田を管理したりするのに、人々は動物神の力を借りたようだ。

ただ、『古事記』は支配者が編纂した書物であるため、こうした動物の描き方にも、何らかの意図が含まれていないか、注意する必要がある。

例えば、水田耕作の守護神として山に鎮座した蛇神は、死の象徴でもあった。山は聖なる地でありながら、屍が横たわる地でもあったからだ。山奥や山中の洞窟では、中下層の人々が死体を葬ることがあった。そうした葬儀によって、一般民衆は山に死霊のイメージを抱くようになったようだ。

豪族の目にも、災害を巻きおこし、水田管理を困難にする山の自然環境は、生活を死へと導くものに映った。

滋賀県長浜市の都久夫須麻神社にある白蛇の像。神の使いとされている。（©Jnn）

こうした背景もあって、神話には、ヤマタノオロチのように、蛇を忌避する物語も含まれているのだ。

そして、自然への畏敬の念が死と結びつくようになると、次第に動物神への信仰は衰退し、豪族の氏神が人格神として信仰を集めるようになった。

89

【古事記と日本人の謎】

不思議な小道具が持つ意味は？

神話を読むと、呪術を発揮するために多くの小道具が用いられたことがわかる。そうした小道具とは、一体どのような意味を持つのだろうか？

まず目を引くのは、櫛《くし》だろう。イザナギは、黄泉国から逃げるため、櫛を使って追っ手を食いとめることに成功している。なぜ櫛がそのような力を発揮したのか？　それは、櫛には別れの呪力がこもっていると考えられていたからだ。

ヤマタノオロチ退治にも、櫛が重要な役割を果たしている。スサノオの目的は、ヤマタノオロチが狙うクシナダヒメを娶ることにあった。だが、そのためには、強大なヤマタノオロチを倒さなければならない。スサノオはどう対応したのか？

まず手はじめに、スサノオは術を使ってクシナダヒメを櫛にした。櫛には邪気を祓う効果があると信じられていたため、肌身離さず身につけることで、身を護ろうとしたのだ。この櫛のおかげもあって、スサノオはヤマタノオロチを退治し、クシナダヒメを妻に迎えることができた。

　このように、人が身に着けたものは、神聖な力で邪気を打ち消すと考えられていた。装飾品の他、衣類や武器にも呪力が宿ると信じられたようだ。

　出雲国を治めたオオクニヌシも、呪力の助けを借りた。スサノオの試練を受けることになったオオクニヌシに、のちに正妻となる須勢理毘売《すせりびめ》（以下スセリビメ）は、比礼《ひれ》という、薄く細長いスカーフのような衣類を渡した。

　この比礼には、虫や蛇を祓う効果があったため、オオクニヌシはムカデや蜂がはびこる部屋に通されても臆することがなかった。そして、スサノオと同じように、オオクニヌシはスセリビメを娶り、神として成長することができたのだ。

比礼をまとうサクヤヒメ（歌川国芳『大日本開闢由来記』）。肩にかかる模様入りの布が比礼。

90

【古事記と日本人の謎】

出雲地域では伝承が異なる？

出雲神話は、『古事記』の中でも大きな比重を占める物語だが、『出雲国風土記』では、伝承内容がまったく異なる。冒頭において、『古事記』や『日本書紀』には記されていない壮大な国づくりが描かれているのだ。

その主役となるのが、八束水臣津野命《やつかみずおみつぬのみこと》（以下ヤツカミズオミツヌ）だ。『古事記』『日本書紀』では、出雲の主神をスサノオだと伝えるが、不思議なことに『出雲国風土記』では、このヤツカミズオミツヌを次のような出雲の創造神として描いている。

ヤツカミズオミツヌは、出雲国を見渡してこう思った。

「国づくりに失敗して小さい国が生まれたから、どこかの国を縫いつけて大きくしよう」

海を眺めると、朝鮮半島の新羅が目に入った。運のいいことに、新羅は土地が余っている。ヤツカミズオミツヌは、巨大な鋤《すき》を使って土地を引き裂き、綱をかけて力一杯引き寄せた。そして、何度か土地を引き寄せ、杭を打ちこみ固定して出雲に縫い合わせた結果、

出雲大社の玄関口、道の駅大社ご縁広場にある国引き神話の石碑（©rch850）

現在の島根半島が生まれたという。

　最後に、ヤツカミズオミツヌは杖を突いて「終《お》え」と言葉を発し、国づくりを終えた。それにちなんで、その地は意宇《おう》とよばれるようになったという。

　巨人伝説を連想させるスケールの大きな神話だが、地理描写がかなり正確な点も見過ごせないだろう。これにはおそらく半島形成の歴史が関係している。島根半島に位置する斐《ひ》伊川《いかわ》は、出雲地方を覆う長大な暴れ川だった。ヤツカミズオミツヌの「オミツ」は「大水」、つまり洪水を意味していると考えられる。洪水によって土砂が堆積し、島根半島は本土とつながった。『出雲国風土記』の神話は、そんな地誌を反映しているのかもしれない。

91 【古事記と日本人の謎】他国の神話との違いや共通点は？

日本神話には、予想もつかないような展開や描写が多いが、他国の神話もそれに負けないぐらいの内容であふれている。そして、そのような海外の神話は、日本神話と共通する点が少なくないのだ。

まず、日本神話と同じように、自然の性格を反映した多くの神々が登場する。その代表が、アマテラスのような太陽神だ。太陽神を男神として信仰する文化圏は多いが、日本のアマテラスのように、太陽神を女神として崇める北欧神話も存在する。

また、どの神話にも「地下世界」が描かれることが多い。地下世界は死者の国として描かれ、そこで食物を食べると地上には帰れなくなると信じられていた。

だが、共通点だけでなく、日本神話独自の展開や、他国の神話との違いも多い。そうした違いが生まれる理由の1つに、他国の神話の多くは、広く民衆の間で語り継がれ、社会全体を覆う宗教性を持っているのに対し、日本神話は、ヤマト政権が支配の正当性を主張するため創作されたという事情がある。もとになった神話は1つではないのだ。そのため、いくつかの神話のパターンが合わさっている場合が、日本神話には多い。

例えば、イザナギとイザナミの国生み神話のように、神が島を生むという神話は、他国に存在しない。島の誕生は、すでに国土の意識があることを示しており、他国の神話では、そのような具体的なイメージが含まれることは少ないようだ。

心理学的な分析によれば、海に生まれた最初の島は、秩序や意識を表しているという。他の神話にも世界の中心が生まれるシーンは描かれているが、日本神話はそれらと比べてイメージが具体的で、生き生きとしている点に特徴があるといわれている。

（上）エジプト神話の太陽神ラー。ハヤブサの姿で描かれる。
（中央）ギリシャ神話の太陽神ヘリオス。古代ギリシャ人は、4頭立て馬車で天を翔けるヘリオスが太陽だと信じていた。
（下）アステカ神話の太陽神トナティウ。好戦的な武神としての性格も持つ。

92 【古事記と日本人の謎】18世紀から続いている偽書説とは何か？

『古事記』研究がはじまった江戸時代から現代にいたるまで、偽書説は根強く存在してきた。しかし、『古事記』に記述される尊称や称号、その他多くの字句は、当時実際に使われた用語で、後世の造作が見られない。つまり、表記から成立年代を疑う根拠は薄いだ。にもかかわらず唱えられ続ける偽書説とは、どのような内容なのだろうか？

そもそも偽書説とは、『古事記』を天皇勅撰を騙る何者かによって後世に編纂された書物だとする説をいう。

18世紀半ばの史料『古事記開題』に引用された著者不明の「或説」には、序文が事実に即していないように見えること、序文の文章が整いすぎていて時代に合わないこと、『日本書紀』に『古事記』成立に関する記事がないことが挙げられている。大正期に大きく展開した偽書説も、序文を起点に置いていた。つまり偽書説は、序文への疑問が中心になっていたといえるだろう。

では、序文は本当に後世の作なのだろうか？

偽書説の1つに、序文を構成する流麗な漢詩文は、奈良朝の官人には書けないとする説がある。

本居宣長が『古事記』研究をはじめた頃から、偽書説を訴えた国学者・荷田春満。（画像引用：『本居宣長記念館名品図録』）

だが、実際には、7世紀後半には漢詩文に秀でた者が宮中で重要文書作成に携わっていた。つまり序文は、『古事記』編纂当時でも十分成立しうる文体だといえる。

前述した、序文が事実に即していないとする偽書説も、現在では研究者によって否定されている。それでも偽書説は後を絶たないのは、勅撰書が正史に記されないはずがないという考えに端を発するのだろう。

だが、歴史学の世界では偽書の可能性は低いと考えられ、解決済みの問題とみなされている。

93

【古事記と日本人の謎】

近代日本ではどのように読まれていたのか？

近代天皇制において、『古事記』は『日本書紀』と並ぶ国家神道の聖典だった。だが、その捉え方は、立場によって大きく異なっていたようだ。

民衆にとって、教科書に載せられた『古事記』神話は、歴史的事実であり、本居宣長が唱えたような日本人の思想を表すものだった。『古事記』と『日本書紀』の神話は本来内容が異なるが、教科書上では混同され、天皇家の権威を示す役割を果たした。

しかし、そのような作為的な意図をもって普及させられた神話が、手放しで国民に受け入れられたわけではない。1892年、歴史学者久米邦武《くめくにたけ》が雑誌『史海《しかい》』に掲載した論文「神道ハ祭天ノ古俗」では、神道家を批判する旨が記述され、1919年には、津田左右吉《つだそうきち》が論文「古事記及び日本書紀の新研究」で、『古事記』の史実性を真向から否定した。

また、神話は史実ではないが、歴史的事実を核として記述されていると考える者もいた。研究者の間では、神話は歴史的事実そのものではないとする説が一般的だったわけだ。

だが、このような研究成果は、知識人には広がったものの、一般大衆にまで普及することはなかった。というより、『古事記』は歴史書というより物語の題材として好まれていたようだ。鈴木三重吉や福永武彦など多くの作家によって訳され、児童向けの童話や絵本には、親しみやすい神話が選ばれ人気を得た。

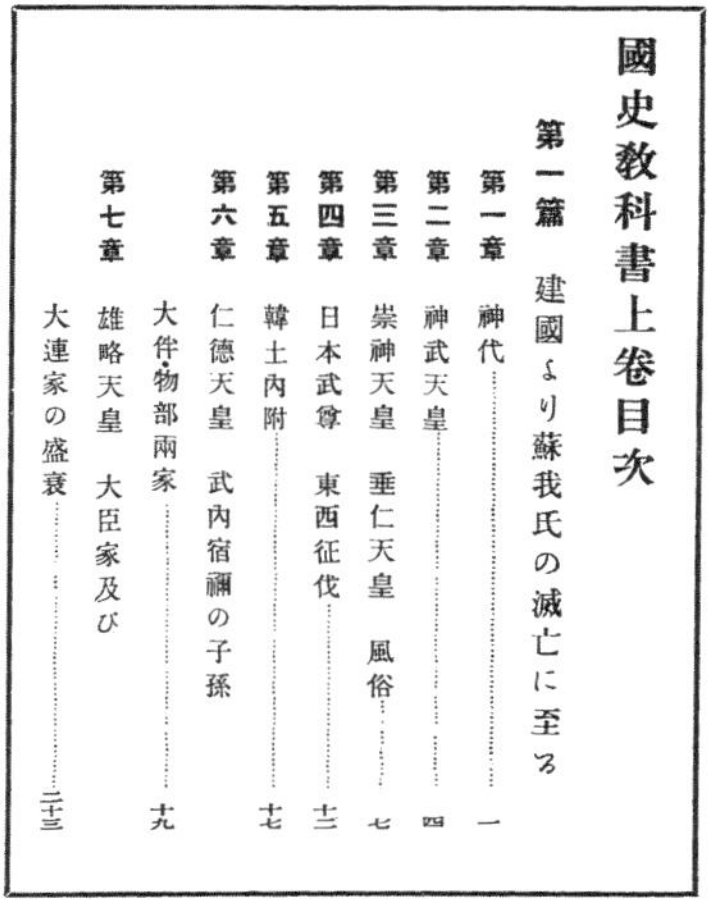

國史教科書上巻目次

第一篇　建國より蘇我氏の滅亡に至る

明治34年に発行された当時の日本史の教科書。対象は「中学校の第1，2年級」。日本の歴史が神代からはじまり、神武天皇も歴史上に存在した人物として扱っている。（所蔵：国会図書館）

もちろん、神話がすべての国民に好まれたわけではない。20世紀初頭には、労働運動の過熱によって、政府に批判的な勢力が増え、天皇制打倒を掲げる過激な無政府主義者まで登場するようになる。

神話教育が、必ずしも政府の思惑通りに進まなかったことを窺わせる。

94

【古事記と日本人の謎】

軍部は『古事記』をどのように扱ったのか？

1930年代になると軍事教育が強化され、初等教育に用いられた国定教科書は、軍事美談であふれた。それまで、学校は天皇の学校であり、そこで使われる教科書にミスがあることは許されなかった。まして、改訂となると、余程のことがなければ行われなかった。軍部の教育への介入には、大きな意図があったことが窺える。

いうまでもなく、民衆への戦争参加を促すため、教科書は変更されていった。天皇は、陸海軍を掌握する統帥権をもっていたため、教科書上でも、軍のトップとしての天皇の性格は強調されていった。日清日露戦争に参加した軍人の話や、日清戦争の際、台湾で戦死した皇族能久《よしひさ》親王など、軍事と天皇家との関わりが、美談として修身の教科書に採用されるようになっていく。

教科書成立当初から、天皇を中心とした国づくりのため、天皇家の威徳は教科書で語られていた。そのときは、忠君と愛国を尊ぶべきだという儒教を背景にした道徳観に過ぎな

戦時中の学校教練の一風景。学校にも軍部が介入したことを表している。

かったが、対外環境が変化し、民衆に迎えられながら軍部が主導権を握ると、状況は変わっていった。教科書がつくりだした勇ましい天皇像は、教育現場にとどまらず、民衆生活や学問にも波及したのだ。

大正期デモクラシーによって自由な議論がかわされていた神話研究は、１９３０年代後半から圧力を加えられるようになった。研究者は不敬罪や著作の発売禁止によって活動を制限され、国民からも阻害されてしまう。

こうして軍事教育が修身や歴史の教科書に溶け合った結果、『古事記』『日本書紀』神話は、皇統を保証する不可侵の史実とみなされ、批判することができなくなってしまった。環境が本格的に変わるのは、戦後になってからのことである。

95

【古事記と日本人の謎】

神話は戦後どのように扱われたのか？

第二次世界大戦が終わると、『古事記』『日本書紀』神話は歴史教科書から姿を消した。日本を戦争に導いた皇国史観教育は終焉を迎え、『古事記』『日本書紀』神話は史実から創作へと変化した。

では、戦争の終結によって、『古事記』『日本書紀』神話を取り巻く環境はどのように変化したのだろうか？

戦後の学界は、神話へのアレルギー反応もあって、はじめは『古事記』や『日本書紀』から史実性を認めることには消極的だった。だが、政府の圧力がなくなり、自由な議論ができるようになったこともあって、神話の核となった歴史的事実を見つけ出そうとする研究が盛んになる。さらに考古学、民俗学などの研究も進み、より客観的な研究体制が整えられるようになった。

一方で、民衆生活や教育現場からは、神話を含む神道的な要素が排除されることになる。

なぜなら、ＧＨＱは、日本を戦争に導いたのは軍国主義にあると考え、その思想的な支柱となった天皇中心の国家神道の解体が必要だと考えたからだ。宗教ではなく習俗だとみなされていた国家神道観は、戦後は通用しなくなった。

ＧＨＱによる神道指令は、神社への公的な財政支援の禁止や、国公立の神道系学校の廃止、役所の神道色の払拭など、国家神道と民衆の分離を推し進めた。その結果、神道は宗教法人の１つとなり、公的な場から脱却することになった。

「国民学校教室内の神棚」（画像提供：毎日新聞）。戦前は教室の中に神棚が祀られていたが、戦後には撤去された。

神話研究は進んだが、その成果が教科書に採用されるには多くの障害を伴う。そうした事情もあって、公の場から神道は姿を消したが、国家の管理から離れた神社は、古代以来の慣習を守るため、体系を整え、民間の宗教団体として再スタートした。

96 【古事記と日本人の謎】仏教は『古事記』に影響を与えた？

農耕生活を基盤に誕生した原初的な祭祀は、呪術的な効果が期待され、共同体の秩序を守る重要な役割を果たしていた。それが神社成立へとつながり、王権による神祇祭祀《じんぎさいし》も誕生する。

しかし、そのような信仰は、仏教の影響なくしては継続し得なかっただろう。神道は近代まで、思想や建築、美術など、多くの面で仏教から刺激を受けて存続してきた。神道の発展に、仏教は不可欠だったといえるだろう。

だが、『日本書紀』には仏教の口伝が記されているにもかかわらず、『古事記』には仏教に関する記述は見当たらない。『古事記』に直接仏教思想が反映されているわけではないのだ。その理由の1つを知る鍵は、当時の対外関係にある。

ヤマト政権は、朝鮮半島の百済を介して6世紀半ばに仏教を受容した。しかし、当時ヤマト政権が受容した思想は仏教にとどまらず、儒教や道教、陰陽道など、中国大陸のさまざまな思想が含まれていた。

　このような先進技術や文化の伝来は、朝鮮半島の政治状況が関係している。6世紀ごろ、朝鮮半島の高麗、新羅が手を結び、百済をはじめとした他国と交戦状態に入っていた。劣勢に立たされた百済などは、日本の救援を頼りになんとか巻き返そうとする。仏教は、そうした軍事支援の見返りとして伝わった思想の1つで、多分に政治的意図を含んでいたのだ。

奈良県飛鳥寺の本尊・飛鳥大仏（正式名称は釈迦如来像）。現存する最古の仏像である。（©Chris 73）

　輸入された仏教その他の思想は、神祇祭祀を補い、儀式や行事を発展させるのに役立った。仏教に求められたのは、内面的な理解や救済ではなく、他の輸入思想と同じように、実践的な面であったため、ヤマト政権全体を覆うような内面的な影響は、まだ及んでいなかったと考えられる。

97

【古事記と日本人の謎】

儒教の礼儀作法は浸透していない？

一般的には、仏教伝来に先立つ513年、百済の五経博士《ごきょうはかせ》によって儒教が伝えられたといわれる。五経博士とは、儒教の5つの経典に精通した人物をいう。儒教の経典には、統治に必要な徳目や考え方が記されており、官僚や政治家の教科書として用いられていた。

仏教とは異なり、『古事記』にも、儒教に関する記述が見える。5世紀ごろ、百済から渡来した和邇吉師《わにきし》（王仁《わに》）によって『論語』がもたらされたという。

では百済との交流によってもたらされた儒教は、『古事記』や支配者たちにどのような影響を与えたのだろうか？

当時の日本は、儒教思想から生まれた律令制を中国から輸入していた。そのことを考えれば、儒教思想が日本にも浸透していたようにみえるかもしれない。だが、実際の思想的な影響はいまだ薄かったといわれている。

中国律令制では、儒教思想の1つ「礼」が重んじられ、支配者の専制を制御する役割を果たしていた。つまり、権力者であっても、礼儀作法を守り、勝手なことはすべきではないとする思想が存在していたのだ。

中国では、古くから個人の礼儀作法が重視されてきたが、日本にはこうした礼制は根づいていなかった。礼は宮中に儀礼や儀式として形式的な面には導入されたが、思想的には浸透しなかった。律令国家成立当初は、儒教による行動規範はあまり浸透していなかったといえるだろう。

日本に儒教をもたらした和邇吉師。王仁の名で知られることが多い。（『前賢故実』菊池容斎・画）

日本では、礼儀作法は国家の儀礼として受容され、独自の礼制が形成されていく。それは、神祇祭祀の体系を整え、宮中で行われる行事の形式やマナーを決めるのに役立った。その行事が定着することで、今日も行われる年中行事の仕組みができた。

98 【古事記と日本人の謎】『古事記』に魅了された外国人がいた？

１８９０年、１人のギリシャ人が、島根県の尋常中学校と師範学校に、英語教師として赴任してきた。この人物が、小泉八雲《こいずみやくも》の名前で知られる外国人ラフカディオ・ハーンだ。「耳なし芳一《ほういち》」や「ろくろ首」「雪女」など、現在にも語り継がれる怪談話を、叙情豊かな解釈と共に甦らせた人物だ。

日本の気風に感銘をうけた八雲はその後、日本国籍を取得し、帝国大学、早稲田大学で教鞭をとって多くの著作を残し、日本文化や伝統的精神を海外に紹介した。

そんな小泉八雲を日本に導いたのが、英訳された『古事記』だった。アメリカにいた八雲は、34歳のとき訪れた万博で日本館と出会い、東洋的な神秘世界の虜になったという。そして、英訳『古事記』を読んで神話の世界を夢想しながら日本への関心を深めていく。知人から日本の評判を聞いて渡日を決心した八雲は、トラブルに見舞われながらも、なんとか出雲で職を得た。

（左）『古事記』に魅了され日本に渡った小泉八雲（ラフカディオ・ハーン）
（右）英語に訳された「因幡のシロウサギ」（ボストン公立図書館所蔵）

島根滞在は1年3カ月余りと短いが、その後の著作活動を豊かにする土壌が、出雲地方には含まれていた。松江市に残る出雲神話や民間伝承が、八雲の日本観に大きな影響を与えたのだ。帰化名の「八雲」も、出雲神話に登場するスサノオが詠んだ歌から引用されたと考えられる。オオクニヌシの国譲りからは、戦わずに国を譲り平和を選ぶ和譲の精神を見出して共鳴し、神話へ傾倒していった。

出雲の原風景を目にした八雲は、その後多くの怪談話を残した。八雲の著作は、多少の誇張があるものの、日本の伝統文化や風土を細かに捉え記述したものが多い。そのため、日本のみならず、海外の日本文化研究者にも影響を与え、今日でも高く評価されている。

99

【古事記と日本人の謎】

『古事記』に魅せられた芸術家がいた？

手塚治虫の代表作である『火の鳥』をご存知だろうか？　不死鳥である火の鳥が古代から未来まで時代を巡り、人間の営みを見守る物語である。作品は複数の編から成り、そのうちの黎明編、ヤマト編に、ヤマトタケル、クマソ、サルタビコなど、『古事記』に登場する人物と同名のキャラクターが登場する。

このように、『古事記』に影響を受けた芸術家は実はたくさんいる。

『古事記』神話の浮世絵は、江戸時代に多く描かれはじめた。というのも、古い時代において神の姿を描くことは恐れ多いとされており、描かれるのは神社内の壁のみで公開されないことが多かった。浮世絵師として有名な葛飾北斎や歌川国芳《うたがわくによし》ら歌川一門が神話を題材とした絵を多く残している。

明治時代に入ると、『古事記』は一般に広く知られるようになり、絵画や絵本、教科書の挿絵などの作品が多くなっていった。

日本画家であった菊池容斎《きくちようさい》や松本楓湖《ふうこ》ら、西洋画家の青木繁や高橋由一《ゆいち》らが神話の作品を発表したが、一般の人に親しまれたのは月岡芳年《つきおかよしとし》や尾形月耕《おがたげっこう》らの浮世絵タッチのものだったという。月岡の『大日本名将鑑』は明治期に大ヒットした。大正期には、鈴木三重吉《みえきち》が児童向けに口語訳した『古事記物語』を発表した。

戦後になると、『古事記』は史実としてではなく、創作として楽しまれるようになっていった。手塚治虫の『火の鳥』、諸星大二郎の『暗黒神話』『海神記』、永井豪の『凄ノ王《すさのおう》』、星野之宣《ゆきのぶ》の「宗像教授シリーズ」などの漫画や、黒岩重吾の『白鳥の王子 ヤマトタケル』、荻原《おぎわら》規子《のりこ》の「勾玉シリーズ」、氷室冴子の『銀の海 金の大地』など。どれも魅力的な作品ばかりだ。

海神の宮殿近くにある桂の木に登るヤマサチ（中央）。それを見つけたトヨタマビメ（左）とその侍女（右）。（「わだつみのいろこの宮」青木繁・画　石橋美術館所蔵）

【主要参考文献】

『神さまと神社─日本人なら知っておきたい八百万の世界』（井上宏生／祥伝社）
『完全版　古事記と日本の神々』（吉田邦博・不二龍彦／学研パブリッシング）
『古事記』（倉野憲司／岩波書店）
『古事記のことば─この国を知る１３４の神語り』（井上辰雄／遊子館）
『地図で読む『古事記』『日本書紀』』（武光誠／ＰＨＰ研究所）
『神話から読み、知る日本の神様』（加来耕三／アスペクト）
『知っておきたい日本の神様』（武光誠／角川学芸出版）
『知っておきたい日本の神話』（瓜生中／角川学芸出版）
『歴史と起源を完全解説　日本の神様』（青木康／宝島社）
『出雲神話の謎を解く』（澤田洋太郎／新泉社）
『「記紀」はいかにして成立したか─「天」の史書と「地」の史書』（倉西裕子／講談社）
『古事記のひみつ─歴史書の成立』（三浦佑之／吉川弘文館）
『古事記成立考』（大和岩雄／大和書房）
『怪異の民俗学〈７〉異人・生贄』（柳田国男著・小松和彦編／河出書房新社）
『人身御供論』（高木敏雄著・山田野理夫編／宝文館出版）
『酔っぱらい大全』（たる味会編／講談社）
『推理・邪馬台国と日本神話の謎　日本神話１２０の謎─三種の神器が語る古代世界』（安本美典／勉誠出版）
『神饌─神と人との饗宴（ものと人間の文化史１４０）』（岩井宏實・日和祐樹／法政大学出版局）
『出雲大社─日本の神祭りの源流』（千家和比古・松本岩雄編／柊風舎）
『古事記の歴史意識（歴史文化ライブラリー２６０）』（矢嶋泉／吉川弘文館）
『眠れないほど面白い『古事記』：愛と野望、エロスが渦巻く壮大な物語』（由良弥生／三笠書房）
『神話と歴史（歴史文化セレクション）』（直木孝次郎／吉川弘文館）
『日本人の動物観─変身譚の歴史』（中村禎里／ビイングネットプレス）

『本地垂迹（日本歴史叢書）』（村山修一／吉川弘文館）
『軍国美談と教科書』（中内敏夫／岩波書店）
『『古事記』『日本書紀』の解明―作成の動機と作成の方法』（赤城毅彦／文芸社）
『ユングでわかる日本神話』（林道義／文藝春秋）
『新編　神社の古代史』（岡田精司／学生社）
『戦後の神社・神道―歴史と課題』（神社新報社編・神社本庁監修／神社新報社）
『八幡神とはなにか』（飯沼賢司／角川書店）
『信仰と世界観』（上原真人他編／岩波書店）

【図版】
『国立国会図書館所蔵黄表紙十返舎一九集保存版　第4巻　地神五代記』（十返舎一九／フジミ書房）
「歴史読本47（4）（通号７４９）」（ＫＡＤＯＫＡＷＡ）
『これならわかる！『古事記』』（竹田恒泰監修／学研パブリッシング）
『わかりやすい「古事記」入門：図解と新解釈で日本の原点を探る「ものがたり古事記」』（佐藤寿哉／日本文芸社）
『神々のすがた：古事記と近代美術：島根県立石見美術館開館五周年記念展１：図録』（島根県立石見美術館）
『オオゲツヒメと倭国創生：日本の穀物起源神の原像』（林博章編著／多田印刷）
『新編日本古典文学全集１』（小学館）
「特集口絵　描かれた日本神話『古事記絵詞』の世界（歴史読本46（2）（通号７３４）より）」（新人物往来社）
『神代正語常磐草』（細田富延）
『本居宣長記念館名品図録』（本居宣長記念館編）
『朝日新聞　報道写真傑作集１９５４』（朝日新聞社刊）
『歌川国芳木曽街道六十九次』（歌川国芳／平木浮世絵財団平木浮世絵美術館）
『大日本名将鑑―月岡芳年の武者絵』（月岡芳年画・歴史魂編集部編／角川グループパブリッシング）
『青木繁展―よみがえる神話と芸術』（青木繁画・石橋財団石橋美術館）ほか多数

日本の成り立ちが見えてくる
古事記99の謎

2018年10月4日　第1刷
2019年3月22日　第2刷

編　者　古代ミステリー研究会

発行人　山田有司

発行所　株式会社　彩図社《さいずしゃ》
〒170-0005　東京都豊島区南大塚3-24-4 MTビル
TEL:03-5985-8213
FAX:03-5985-8224
印刷所　新灯印刷株式会社

URL：http://www.saiz.co.jp
https://twitter.com/saiz_sha

©2018. Kodai Misuteri Kenkyukai Printed in Japan　ISBN978-4-8013-0327-0 C0195
乱丁・落丁本はお取り替えいたします。（定価はカバーに表示してあります）
本書の無断複写・複製・転載・引用を堅く禁じます。
本書は平成25年8月に弊社より刊行した書籍を文庫化したものです。

好評発売中・彩図社の文庫本

信長からひこにゃんまで

日本の名城99の謎

天下を賭けて戦った武将たちの攻防戦、難攻不落といわれた城、権力を見せつけるための巨大な天守など、城には数々のいわくや因縁が存在する。歴史の闇に隠された城の謎に本書が迫る！

本体価格 619 円（＋税）

意外な聖地の姿が見える

日本の聖地99の謎

ミイラを安置している聖地、浮いている鳥居、つけものを祀る神社、盗賊が潜んでいた聖地、「魔王」が降り立った聖地など、聖地には数々の逸話がある。いまだに解明されていない聖地の謎に迫る。

本体価格 630 円（＋税）

村に残る伝説と歴史

封印された日本の村

昔から人はあらゆる場所で村を作り生活してきた。今も残る村々がどのような文化を継承しているのか、また消えてしまった村はどんな事情で消えたのか…「村」を通して人の生きざまが見えてくる。

本体価格 619 円（＋税）